# 国外商业航天发展模式概论

巨效平　编著

中国宇航出版社
·北京·

**图书在版编目（CIP）数据**

国外商业航天发展模式概论 / 巨效平编著. --北京：中国宇航出版社，2019.8

ISBN 978-7-5159-1675-0

Ⅰ.①国… Ⅱ.①巨… Ⅲ.①航天工业—工业发展—发展模式—研究—世界 Ⅳ.①F416.5

中国版本图书馆 CIP 数据核字(2019)第 187410 号

**责任编辑**　侯丽平　　**封面设计**　宇星文化

**出　版**
**发　行**　中国宇航出版社

**社　址**　北京市阜成路 8 号　**邮　编**　100830
(010)60286808　(010)68768548

**网　址**　www.caphbook.com

**经　销**　新华书店

**发行部**　(010)60286888　(010)68371900
(010)60286887　(010)60286804(传真)

**零售店**　读者服务部
(010)68371105

**承　印**　天津画中画印刷有限公司

**版　次**　2019 年 8 月第 1 版　2019 年 8 月第 1 次印刷

**规　格**　880×1230　**开　本**　1/32

**印　张**　5.625　**字　数**　162 千字

**书　号**　ISBN 978-7-5159-1675-0

**定　价**　68.00 元

本书如有印装质量问题，可与发行部联系调换

# 前 言

商业航天是以市场为主导，采用市场手段、运用市场机制、按照市场发展规律开展的航天活动，是航天产业发展到一定阶段的必然产物。目前，世界航天产业正处于能力和市场快速发展的鼎盛时期，商业航天以其特有的创新发展模式，为航天产业发展带来强劲动力，已成为航天产业可持续发展的新动力和建设航天强国的重要手段。

近年来，世界航天产业不断发展，总体保持上行趋势。商业航天已经稳居世界航天产业的核心主导地位，并呈现加速创新态势。根据美国航天基金会2017年8月发布的《航天报告》统计，2016年世界航天产业持续增长，全年航天产业经济总量达3 293亿美元，其中商业航天延续繁荣发展态势，总收入达2 528.8亿美元。根据美国卫星工业协会（SIA）2018年6月发布的《卫星产业状况报告》统计，2017年世界航天产业持续增长，全年航天产业经济总量达3 480亿美元，作为航天产业中最大的领域，卫星产业在2017年的总收入为2 686亿美元。2017年共计执行90次发射任务，其中64次为商业发射。

数据表明，近年来，商业航天呈现快速增长趋势，产业规模占比持续增长，甚至超过航天产业规模的75%，已成为带动世界航天产业经济发展的重要引擎。随着相关政策法规的不断完善与多项行动举措的持续推进，未来商业航天占比有望继续增大，主体地位愈发明显。

航天领域投资具有周期长、资金需求大等特点，单靠政府投资效率并不高。商业航天快速发展的背后除了有政府这一推手外，还有社会资本这个重要推手，吸引社会资本参与是国际上推动商业航天发展的一条有益经验。商业航天以其无限的生命力和巨大的发展潜力，吸引着政府、企业、科研机构、投资机构以及应用推广机构的眼球。

近年来，投资界对商业航天的兴趣愈发浓厚。根据美国2018年《初创航天——商业航天领域投资更新》报告，2000—2017年，初创航天公司累计获得184亿美元的投资，包括63亿美元的风险投资、23亿美元的天使投资、45亿美元的债务融资、35亿美元的收购、17亿美元的私募股权等。近6年（2012—2017年），初创航天公司所获投资总额约为106亿美元，占2000年以来所获投资总额的58%。

航天产业蓬勃发展，航天产业经济总量不断增长，使航天成为新一轮“淘金热”。在政府的大力支持和金融资本的培育下，SpaceX公司、蓝色起源公司、一网公司、行星公司、维珍银河公司等一批创新性强的商业航天公司逐渐成长壮大，业务涉及无人和载人商业航天发射、卫星通信网络、面向大众市场的卫星遥感服务、太空旅游、太空采矿等，形成了多家私营企业良性竞争的局面。

经过多年的发展，商业航天公司逐渐成为航天科研生产力量的重要组成部分，在世界商业航天中扮演着越来越重要的角色，我们相信，今后商业航天在民用和军用两大业务领域的价值将日益凸显。

本书在编著过程中得到了各级领导的关心和大力支持，并得到了许多专家的热诚指导，在此表示由衷的感谢。同时，北京太阳谷咨询有限公司做了大量的资料收集工作，为本书初稿的形成做了很大贡献，在此致以诚挚的谢意。限于作者水平，本书定有疏漏之处，希望广大读者批评指正。

作　者

2019年2月

# 目　录

# 第 1 章　国外商业航天发展模式

自 20 世纪 80 年代以来，国内外越来越多的航天企业开始瞄准商业市场，因此航天活动的商业化程度越来越高，民营化、私有化的航天活动也开始出现，这种趋势在 20 世纪 90 年代得到进一步的发展。近 10 余年，随着通信广播卫星技术、计算机技术和电子技术的迅猛发展，航天技术迅速走向产业化，其中卫星通信业首先在美国、欧洲等发达国家或地区实现产业化、商业化，并迅速在全球形成新兴产业和新的经济增长点。紧接着，卫星导航业和卫星遥感业也开始步入产业化，太空旅游概念兴起，航天领域产品的需求激发了一大批私营企业和风险投资商竞相进入商业航天领域。

## 1.1　商业航天及其发展模式

### 1.1.1　商业航天与军事航天、民用航天对比分析

商业航天有别于军事航天和民用航天，即由企业投资并承担风险，通过市场为政府及商业用户提供航天资产、产品技术等服务。商业航天包括卫星制造及发射、卫星运营及服务、地面设备制造等环节，涉及通信、远程医疗、导航、遥感、空间运输、载人航天飞行、深空探测等领域。

与航天商业化不同，商业航天的概念更广泛。航天商业化是指原本只为政府、军队、国家安全需求服务的航天基础设施向商业市场开放，原本只为政府服务的航天制造企业、航天系统运营企业也向商业市场寻求合作，而政府和军队作为大客户进入市场，按商业规律进行招标和采购。商业航天更多的是指按照市场化模式来组建新的航天企业，按照市场化规律来从事投融资、收购、合并、研发、

协作、制造、运营等活动，投资者和企业可以自由进入和退出。

### 1.1.2 商业航天在世界航天产业中的地位

近10余年，世界航天产业不断发展，总体保持上行趋势，如图1-1所示，其中商业航天已经稳居世界航天产业的核心主导地位，并呈现高潮迭起、加速创新态势。

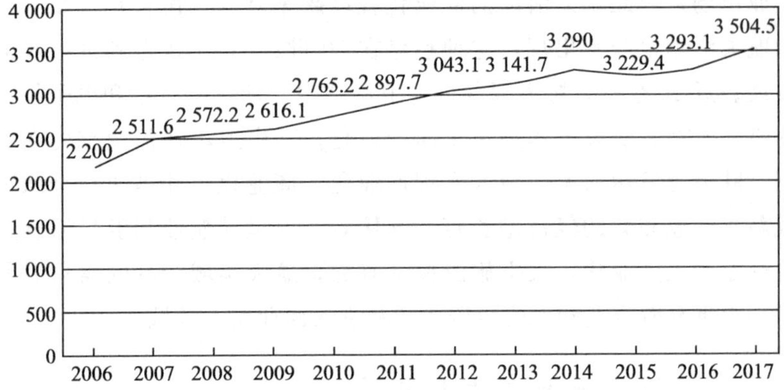


图1-1 2006—2017年世界航天产业发展趋势（单位：亿美元）

商业航天市场收入与政府航天预算保持约3∶1的比例，商业航天在世界航天产业发展中的主体地位愈发明显。2017年，世界航天产业经济总收入约为3 504.5亿美元，仍延续繁荣势头，航天产业继续稳步向前发展。其中，商业航天市场收入约占世界航天产业经济总量的78%，这一比例同2015—2016年相比基本持平，但呈现缓慢上升的趋势。随着各国政府不断加大航天商业服务采办力度，以及相继出台鼓励商业航天发展的政策法规与行动举措，未来商业航天占比有望继续增大。

### 1.1.3 商业航天的构成

商业航天的主要构成部分是卫星产业，其他如商业载人、深空探测等产业亦取得稳步进展，但是总体经济规模较小。通信、导航、遥感产业已成为商业航天的三大支柱产业，且已形成了一条成熟的集卫星制造、发射服务、卫星运营、地面设备制造与服务于一体的产业链。技术的发展、信息的融合、公众的应用是商业航天发展的一般范式，其在卫星产业率先得到实践与广泛发展。

据美国卫星工业协会统计，2017 年世界卫星产业总体收入继续增长，达到 2 686 亿美元，增幅为 3%。其中卫星制造产业收入达到 155 亿美元，卫星服务产业收入为 1 287 亿美元，地面设备制造产业收入为 1 198 亿美元，如图 1－2 所示。从产业链视角看，卫星产业发展重心已从产业链上游转移到下游，卫星服务产业收入超过卫星制造和发射服务产业收入，成为卫星产业的价值高地。

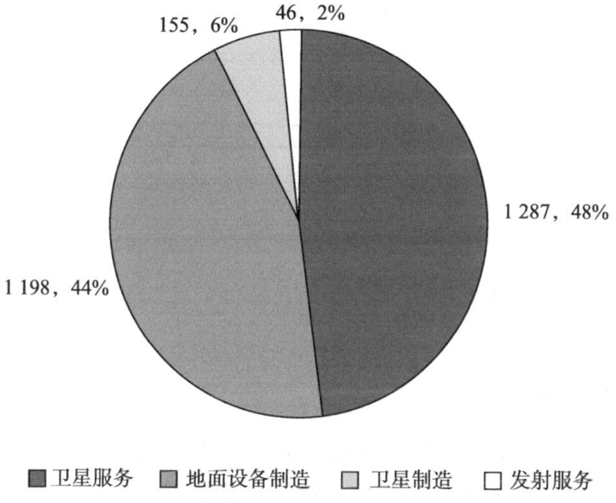


图 1－2　2017 年世界卫星产业总体收入数据（单位：亿美元）

### 1.1.4　商业航天发展模式

商业模式（Business Model），通俗地说，就是企业通过什么途径或方式来赚钱，企业如何通过创造客户价值、建立内部结构，以及与伙伴形成市场关系来开拓市场、传递价值、创造资本、获得利润并维持现金流。

根据商业模式的内涵，商业航天发展模式可以理解为：商业航天公司创造和实现航天产品和服务价值、获取利润的途径或方式。将商业模式的构成要素与航天产业的价值链环节和价值链走向相结合，可进一步将商业航天公司发展模式划分为：融资模式、组织管理模式、产品和服务模式、营利模式，如图 1-3 所示。

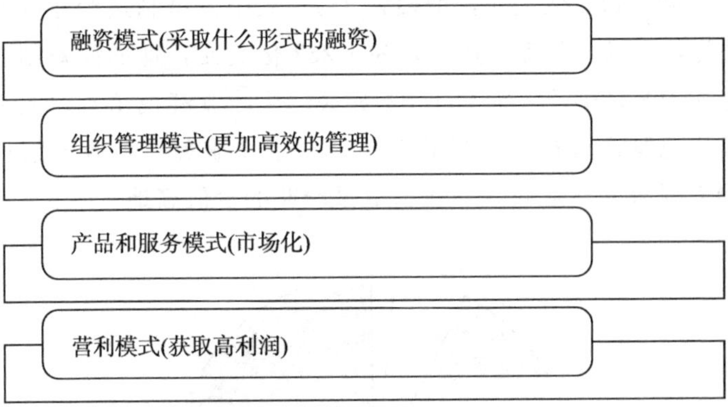


图 1-3　商业航天公司发展模式

## 1.2　商业航天融资模式

### 1.2.1　传统航天公司

纵观人类航天史，航天领域就是政府和军方的专属领域。传统航天产业主要由政府驱动、政府出资、政府使用，各类航天器和运载工具属于国有空间基础设施。在此背景下，传统航天公司也是在国家导向和政府订单的扶植下成长起来的，其在发展初期均主要满足政府民用和军事部门的需求。虽然这类企业属于商业公司，但在其发展初期，来自政府的订单更多的类似“国家计划”，不是完全面向市场。随着私营资本逐步敲开通信卫星、空间运输领域的大门，并向对地观测、导航定位、载人航天等领域延伸，传统航天公司也开始承接商业市场业务，为商业公司提供卫星研制和发射服务。从整体看，传统航天公司的融资模式分为两个阶段，从初期单一的政府订单来源，发展到当前的政府和商业市场订单并存，并且政府订单贯穿始终。

在经济效益驱动下，传统航天公司在坚守政府市场的同时，开始瞄准商业市场，提出或实施重大计划，拓展企业发展空间。例如，欧洲空客防务与航天（ADS）公司一方面是欧洲 Galileo 系统运行设施的主承包商和导航有效载荷的制造商，参与了国际空间站、哥伦布实验舱、自动转移飞行器（ATV）等项目，负责研制美国国家航空航天局（NASA）猎户座（Orion）飞船的欧洲服务舱（ESM），在空间探索与科学领域研制了罗塞塔（Rosetta）彗星探测器、激光干涉仪空间天线探路者（LISA - Pathfinder）等航天器，另一方面也与一网（OneWeb）公司合作，为其制造 900 颗商业通信小卫星；波音公司是美国军事卫星的主要研制商，承担了 GPS - 2F、移动用户目标系统（MUOS）、跟踪和数据中继卫星（TDRS）、宽带全球卫星通信（WGS）、X - 37B 等高价值、高性能的军事卫星系统研制工作，同时为赶上低地球轨道通信星座发展热潮，提出了发射由 2 956 颗小卫星构成的低轨互联网星座，并且创新地提出了采用 V 频段的通信体制等。

### 1.2.2 初创航天公司

随着低成本进入空间技术和低成本利用空间技术的快速发展，航天产业准入门槛不断降低，航天产品与服务逐渐从政府高端用户向大众消费市场倾斜。商业资本纷纷涌向航天领域，带动大量互联网企业、技术和资源进入航天领域，催生了大批商业初创航天公司。这类航天公司融资渠道广，组织管理灵活，注重将航天产品与服务同互联网技术结合，力图利用“长尾效应”实现在大众消费市场营利的目的。

航天产业蓬勃发展，航天经济不断走高，使航天成为金融资本关注的新前沿。特别是，在硅谷新航天（New Space）浪潮的驱动下，风险投资、债务融资、公开募股、私募投资、种子基金等投融资模式在初创航天领域得到广泛应用，培育并壮大了大批初创航天公司，包括 SpaceX 公司（太空探索技术公司）、一网公司、Planet 公司等。

（1）风投资本取代政府投资，是初创航天公司的主要融资手段

航天高科技属性使其天然成为风投资本关注的新前沿。美国 SpaceX 公司的成功，更促使航天项目的“赚钱效应”得到市场普遍认可，商业资本纷纷从互联网等行业涌向航天领域，风险投资替代政府投资，成为资助并培育商业初创航天公司发展的主要资金来源。

2017 年，在全球商业航天领域，共有 43 家企业获得总额为 40.413 3 亿美元以上的投资，国外共有 30 家企业（其中美国企业 18 家）获得总计 37.233 3 亿美元以上的投资。从历史统计数据来看，2000—2016 年，全球初创航天公司累计获得约 166 亿美元的投资，表 1-1 显示了各类型的投资金额及投资总量，可以看出：2000—2005 年，投资量总体较少；2006—2011 年，私募投资和债务融资比重较大；2012—2016 年，企业收购和风险投资开始发挥重要作用。

**表 1-1　2000—2016 年初创航天公司获得的各类投资（单位：亿美元）**

| 投资类型 | 2000—2005 年 | 2006—2011 年 | 2012—2016 年 | 总计 |
| --- | --- | --- | --- | --- |
| 种子投资/奖项、赠予 | 6.402 | 2.956 | 7.99 | 17.348 |
| 风险投资 | 2.309 | 4.113 | 38.206 | 44.628 |
| 私募投资 | 2.399 | 12.896 | 2.984 | 18.279 |
| 企业收购 | — | 5.84 | 26.383 | 32.223 |
| 公开募股 | — | 2.793 | 0.234 | 3.027 |
| 总投资 | 11.11 | 28.598 | 75.797 | 115.505 |
| 债务融资 | — | 46.959 | 3.737 | 50.696 |
| 总融资(含债务) | 11.11 | 75.557 | 79.534 | 166.201 |

以 Terra Bella（Planet Labs 收购）公司为例，该公司于 2009 年成立，聚焦发展以由 24 颗低地球轨道高分辨率光学遥感卫星组成的

星座为平台的卫星遥感大数据业务，累计获得三轮风险投资，且风投机构均为高科技行业知名投资机构。Terra Bella 公司于 2009 年获得 300 万美元 A 轮风险投资（来自 Khosla Ventures），2010 年获得 1 800 万美元 B 轮风险投资，2012 年获得 7 000 万美元 C 轮风险投资，三轮风投总额达到 9 100 万美元。2014 年谷歌（Google）公司以 4.78 亿美元的价格收购了 Terra Bella 公司（大约是风险投资总额的 5.25 倍），风险投资成功退出。风投资本的持续跟进以及 Google 公司的收购保障了 Terra Bella 公司的快速成长，拓展了其发展空间与业务渠道。2017 年 2 月 4 日，地图创业公司 Planet Labs 收购谷歌旗下卫星图像公司 Terra Bella。截至 2017 年 12 月底，Terra Bella 公司已发射 13 颗天空卫星（SkySat），如图 1－4 所示，下一代卫星在轨机动能力得到大幅提高，运行寿命得到大幅延长，该公司继续朝着“小卫星、大星座”的方向发展。

图 1－4　天空卫星（SkySat）

（2）多种投融资手段综合运用，债务融资、私募投资等构成有效补充

商业航天公司以商业市场为主导，以最大限度地获得商业回报

为目的，其投融资模式完全依照市场规律，倚重但不拘泥于风险投资单一模式，注重根据不同发展阶段、不同业务类型、不同战略意图采用不同的投融资手段，综合运用多种手段，实现能力与业务快速发展。

在商业初创航天公司发展初期，债务融资是风险投资的有效补充。以新兴初创航天公司——Planet公司为例，其完成了5轮融资，累计筹集2.06亿美元的资金，涉及17家投资者，部分投资者参与了多轮融资。Planet公司融资来源既包括天使投资、风险投资，又包括债务融资，融资形式多样化，资金渠道多元化，确保快速获得足够发展资金。

在商业公司发展较为成熟后，其业务扩张及兼并重组所需资金额快速增长，私募投资（PE）取代债务融资成为主要的资本募集手段。通信卫星领域与消费市场紧密结合，商业化程度高，成为应用私募投资方式的主要领域，全球知名私募投资公司频频发力。商业卫星领域主要的私募投资案例包括：

1）黑石集团（Blackstone）为通信卫星运营商天狼星卫星广播公司（Sirius Satellite Radio）投资2亿美元，助力后者以10亿美元的价格收购新天卫星公司（New Skies Satellite）；

2）哥伦比亚资本（Columbia Capital）为XM卫星广播公司（XM Satellite Radio）投资数次；

3）安佰深（Apax）、珀米拉（Permira）和凯雷集团（Carlyle Group）为国际通信卫星公司（Intelsat）、国际移动卫星公司（Inmarsat）和泛美卫星公司（PanAmSat）投资了数亿美元；

4）珀米拉（Permira）以2亿美元的价格收购了亚洲广播卫星公司（ABS）；

5）2009年，阿尔巴投资公司（Aabar Investments）为维珍银河公司（Virgin Galactic）投资4.9亿美元。

## 1.3　商业航天组织管理模式

### 1.3.1　传统航天公司

传统航天公司依靠政府和军方订单发展壮大，习惯依靠政府合同躺在功劳簿上吃老本，在“保成功”理念的约束下，人员规模不断增长，企业机构臃肿冗余，制度死板，“官僚主义”气息较为明显，有“暮气”，乏“朝气”。同时，政府和军方的高价值大型航天项目管理严苛，传统航天公司在承接这类项目并与政府和军方用户打交道时，受政府和军方管制多，繁文缛节束缚多，导致企业竞争力下降。在自身“臃肿”和用户“高压”的双重约束下，传统航天公司一般采用“等级式”金字塔状的管理架构，管理链条长、层次多，组织机构运转效率低。美国国家航空航天局（NASA）前任局长格里芬就曾坦言，庞大的政府机构是造成美国载人航天计划成本过高、效率较低的主要原因。传统航天公司多以大团队协同工作的模式研制火箭，如波音公司在研制德尔它－4（Delta－4）火箭时，就投入了近千名工程师，使管理严重重叠。

传统航天公司已经意识到“等级式”管理模式对企业发展造成的藩篱，纷纷通过改制重组或设立“特区”，全面或局部地改善企业组织管理行为，提高企业竞争力。以美国洛·马公司为例，其在 2012 年 7 月对管理层和业务部门进行重组，包括把侦察、导航业务与全球通信系统业务合并组成军事航天分部；把载人航天与民用航天合并组成民用航天分部等。洛·马公司希望通过此次改组，精简架构，改善企业组织管理模式，提高运行效率和内部协同能力。

### 1.3.2　初创航天公司

美国硅谷为初创航天公司的主要发源地，这些初创航天公司借鉴硅谷互联网行业大量的管理理念与经验，摒弃了传统航天公司“等级式”的企业管理和任务组织模式，强调组织扁平化、管理极简化，通过减少管理层次、压缩职能部门和机构、裁减人员，使公司决策层和操作层之间的管理层级尽可能减少，实现“一竿子插到底”式的快速、高效、简洁管理。在员工管理方面，主张靠企业文化和价值观凝聚人、牵引人，尽量少产生造管理行为，强调员工自我驱动、内部激活，鼓励员工围绕市场和用户价值进行自动协同。

## 1.4 商业航天营利模式

### 1.4.1 传统航天公司

营利模式是企业围绕产品服务获取利润的策略。传统航天公司产品服务类型相对单一，主要以卫星制造和发射为主，产品服务的属性决定其营利模式主要为交易型营利模式，即“一手交钱一手交货”模式，传统航天公司为用户提供产品（卫星、分系统或部组件）和服务（发射服务），用户购买并完成交易。传统航天公司通过交易型营利模式获取利润的典型案例包括：

1）2008年，轨道通信公司与美国内华达山脉（SNC）公司签署了第二代轨道通信（OG－2）星座18颗卫星的制造合同，总价值1.17亿美元，SNC公司负责卫星的设计、集成和测试工作；

2）2010年，铱星公司与欧洲泰雷兹阿莱尼亚航天（TAS）公司签署了下一代铱星（Iridium NEXT）星座81颗卫星的研制合同，总价值22亿美元，TAS公司作为主承包商负责卫星的设计和制造工作；

3）2014年，原天空盒子成像（Skybox）公司与加拿大麦克唐纳·德特威勒联合（MDA）公司下属的劳拉空间系统（SSL）公司签订了天空卫星（SkySat）星座13颗卫星制造合同。

这些案例的共同特征是，卫星制造商负责卫星设计及制造工作，整星产品在轨交付后即完成交易行为。

交易型营利模式较为直接，导致其价格竞争激烈，促使采用这种模式的公司必须不断降低成本，以提高营利空间。以ADS公司为例，其在卫星制造方面注重引入工业 4.0 和互联网思维，在内部成立了“项目工厂”（Projects Factory），大量利用增材制造、机器人、流水线等工艺和技术，在不影响卫星性能的前提下，缩短 500 kg 以下卫星的研发和制造时间，降低成本。洛·马公司则采用 3D 打印技术简化卫星研制流程，3D 打印技术的应用使 A2100 平台某些子系统的零件数量减少了 60%，仅在天线反射器一项上就减少了 3 600 项人工操作。

### 1.4.2 初创航天公司

初创航天公司借鉴互联网行业营利模式，打造了全新的航天产业营利模式，其收入不再拘泥于产品交易的单一来源，而是围绕其创新产品和服务类型，形成了以增值营利和订购营利为主、以交易营利为补充的组合式营利模式。

新兴遥感公司一般以增值营利和交易营利相组合的方式构建营利模式。

一方面，Freemium 商业模型，即 Free（免费）＋Premium（增值服务）的营利模式是新兴初创商业遥感公司广泛采用的营利模式。新兴遥感公司通过开放免费服务吸引用户和提供增值服务实现营利，如搭建云服务平台，免费面向遥感数据供应商开放云存储服务，通过满足用户的一站式遥感数据检索需求聚拢海量用户，同时鼓励用户或第三方开发专业化应用 APP，对海量用户进行转化，打通免费服务与营利之间的连接通道，以增值服务实现公司营利。UrtheCast 公司、Terra Bella 公司、Planet 公司、阿根廷卫星逻辑公司（Satellogic）等均提出了类似 Freemium 商业模型的企业营利构想。

另一方面，新兴遥感公司利用创新技术扩大销售渠道，增加交易营利模式的收入。初创航天公司以大数据、云计算等 IT 前沿技术为驱动，搭建可融合卫星遥感数据、航空遥感数据和地面传感器采集数据的多源数据云平台，提供遥感数据在线访问、订购和下载服务，利用线下分销和线上直销方式，延续传统遥感公司的图像销售营利模式。如Planet公司在发展遥感数据云平台的同时，收购加拿大黑桥（Black Bridge）公司，获得了其遍布全球的遥感图像分销网络。

新兴卫星通信公司一般以提供通信卫星运营和卫星通信服务为主，不采用通信卫星制造商常用的交易营利模式，而是采取订购营利模式，通过面向用户提供长期付费的产品或服务获得经常性收入。如碟网（DISH Network）公司提供卫星电视直播到户服务，通过用户订阅付费的方式获得收入，2017年收入达到150.95亿美元；美国天狼星（Sirius XM）公司为用户提供音频广播服务。

# 第 2 章　国外商业航天公司发展模式

## 2.1　SpaceX 公司商业发展模式

SpaceX 公司（太空探索技术公司）作为当代“商业航天发射”的典范，正一步步把“商业航天发射价格降到目前的 10%甚至更少”“人类廉价往返太空”等振奋人心的目标拉向现实：从 2015 年 12 月首次火箭回收成功至今，已经有了多次成功回收运载火箭的经历。2017 年 1 月 14 日，猎鹰-9（Falcon-9）火箭以一箭十星方式发射下一代铱星（Iridium NEXT）通信卫星并成功回收火箭，如图 2-1 所示；2016 年 11 月，该公司向美国联邦通信委员会（FCC）递交申请，计划发射包含 4 425 颗卫星的庞大星座，首批互联网卫星群定于 2017 年开始测试，2019 年正式入轨，将用于为全球用户提供 1 Gbit/s 的高速上网服务。2019 年将完成人类再次进入月球轨道的壮举。

图 2-1　SpaceX 公司发射猎鹰-9 火箭

SpaceX 公司为整个航天事业及其商业化发展提供了无限的想象空间，而其能够稳步而快速发展背后的深层次因素更值得我们分析和思考，以期为我国航天事业的发展提供思路。

### 2.1.1 立志产品创新，建立分级产品体系

SpaceX 公司设计了可部分重复使用的猎鹰-1、猎鹰-9 火箭等以提供发射服务，同时设计了龙（Dragon）飞船系列航天器为空间站提供运输服务。

猎鹰-1 火箭是世界上第一个使用私人资金研制的液态运载火箭，一级火箭使用 1 台“灰背隼”（Merlin）发动机，二级火箭使用 1 台“红隼”（Kestrel）发动机，其每次发射只需 670 万美元。一级火箭利用降落伞减速降落至海面，实现重复使用。

猎鹰-9 火箭采用二级火箭设计，确保把卫星、龙飞船等安全可靠地送入轨道，一级火箭采用 9 台发动机。近地轨道运载能力达 13.1 t，地球同步转移轨道运载能力达 4.85 t。其发射成本目前约为 6 000 万美元。2012 年 10 月 7 日，猎鹰-9 火箭成功发射龙飞船，第一次承担国际空间站（ISS）运货任务，开启了私营航天的新时代。

另外，SpaceX 公司的首席执行官兼首席技术官埃隆·马斯克还策划了“火星绿洲”项目，计划把小型实验温室降落到火星上，但是，昂贵的发射成本迫使他暂缓了该项目。

### 2.1.2 核心技术优势

核心技术是 SpaceX 公司成功的基石。

#### 2.1.2.1 火箭发动机技术

航天发展的瓶颈在火箭，火箭研发的瓶颈在发动机。SpaceX 公司的发动机整体设计源自汤普森·拉莫·伍尔德里奇公司，并对其进行优化，目前已具备独立研发火箭发动机的能力，可自主设计、测试和制造多型火箭发动机，如“灰背隼”“红隼”和“天龙”

(Draco) 等。

早在20世纪60年代，就已经开发了“灰背隼”发动机，它堪称世界最轻的火箭发动机，质量仅为440 kg，推重比世界第一，达160，推力原设计达556 kN，现在已达800 kN；采用液氧/煤油，在开式循环液氧/煤油发动机中比冲最高，达306 s，目前改进型的比冲达到345 s。“灰背隼-1D”是迄今为止最高效的火箭发动机。由于采用传统的燃气发生器循环，发动机芯级体积较小，猎鹰-9一级火箭在直径为3.36 m的空间里安装了9台“灰背隼”发动机。最新的猎鹰重型（Falcon Heavy）火箭，采用27台“灰背隼”发动机，低地球轨道（LEO）运载能力可以达到53 t。

#### 2.1.2.2 先进箭体结构制造技术

（1）火箭结构设计

火箭结构采用超轻质化设计，全贮箱采用高强度的2195铝锂合金，半球储箱设计，整流罩级间采用C-C复合材料，制导、导航与控制（GNC）采用商业化组件。火箭干质比达到：一级20，二级27。

（2）火箭制造工艺

火箭制造采用成熟技术与设备，例如火箭制造使用民间出售的搅拌摩擦焊机。采用该技术，波音公司的德尔它-4火箭助推器，比原工艺节约60%的成本，制造周期由23天缩短至6天。

（3）着陆器支架

底部加支架便于着陆，着陆器支架采用最先进的碳纤维加蜂窝铝材料制造，兼顾自身质量和载荷能力。

#### 2.1.2.3 高精度姿态控制技术

在垂直返回过程中，由于猎鹰-9火箭没有采用专门为回收设计的气动外形，火箭体长径比大，垂直回收难度很大。SpaceX公司将之比喻为一支铅笔飞跃帝国大厦楼顶后，精确降落到一块漂浮的橡皮上，而且不倒。海上回收还受风浪影响，足见回收对箭体姿态控制精度的要求之高。

#### 2.1.2.4 推进剂管理技术

（1）剩余推进剂管理技术

在推进剂管理技术上，猎鹰-9火箭同样出色，该火箭在使用开式循环液氧/煤油发动机的情况下，其运载系数与使用高压补燃循环液氧/煤油发动机的天顶-2（Зенит-2）火箭的运载系数不相上下。

（2）推进剂交叉输送技术

使用推进剂交叉输送技术前，猎鹰重型火箭的低地球轨道运载能力约为45 t，增加该技术后，可把两侧助推器的推进剂转移到中央推进器，使其在两侧助推器分离后保持几乎满推进剂状态，运载能力进一步提高到53 t，该运载能力远高于各国现有运载火箭的运载能力，约是美国航天飞机运载能力的2倍。

#### 2.1.2.5 回收相关技术

（1）火箭回收总体方案

火箭回收有3种方式：降落伞式、垂直降落式和翼式。猎鹰-9火箭采用了垂直降落式，这对后续回收使用是较为有利的方案，避免降落伞式方案对箭体产生过载的危害。

（2）可重复使用技术

根据航天飞机等重复使用的经验，综合考虑安全性、可靠性、技术实现难度、维护成本等，预计猎鹰号系列火箭可重复使用10～20次，基本满足将成本降低一个数量级的目标。

其他与回收相关的技术包括：主发动机的多次启动技术、大范围变推力技术、再入过程中多发动机推力调整技术、推进剂灵活管理技术等。

### 2.1.3 创新融资方式，引入民间资本

#### 2.1.3.1 引入民间资本，助力航天发展

航天是高投入、高风险的行业，各国航天产业无一例外是在政府的直接支持下发展的。民间资本进入航天产业无疑是对国家投入

的有力补充，SpaceX 公司的成功经验为各国民间资本投入航天产业发展提供了有益借鉴。

#### 2.1.3.2　引导民间资本的投入方向，打牢航天事业发展基础

我国众多企业加入航天的目的是分享航天技术发展成果，主要从事准入门槛相对较低的航天相关领域。相反，SpaceX 公司从开始就立足高远，在商业卫星发射主战场、在空间站运输任务等重要领域取得突破，并瞄准人类移民外星球的远大目标。

#### 2.1.3.3　统筹规划外层空间的开发利用

外层空间是出入地球的必经之路，空间频率、轨位是有限的资源。从长远看，在政府的引导下有序规划、开发、利用外层空间，更有利于人类航天事业的长远发展。

从整体发展看，私人投资项目、商业投资项目和国家投入项目之间相互补充、相互促进，可以避免重复投入，也能达到行业整体最佳的投入产出比。

### 2.1.4　创新管理模式，降低管理成本

SpaceX 公司采用扁平化的管理模式和垂直一体化的项目管理，在管理层级上只有 3 层。

SpaceX 公司内部按照项目组成若干个团队，由对应的副总裁直接领导，马斯克也会直接参与技术团队的讨论。在团队中，设一名领导工程师，管理具体事务，副总裁和领导工程师拥有非常大的管理幅度，可以控制整个团队的情况，由于很多零部件的生产都在内部进行，因而可以控制绝大部分成本。根据工作需要组建项目团队，没有明确的界限划分，人员自由度和流动性较高，项目完成后可以参与到其他团队。这种无边界的组织结构打破了传统企业部门间的限制和相互制约，提高了团队合作效率，进一步降低了冗员成本。

硅谷式企业文化奠定 SpaceX 公司成本控制基础，经济理念深入人心。

传统的航空航天公司大多以大团队协同工作模式研制火箭，如波音公司在研制德尔它-4火箭时投入了近千名工程师。SpaceX公司的创始人马斯克根据硅谷创业的经验认为，小型科研团队的工作效率和准确度远远优于大团队协同工作。为此，SpaceX公司沿用了马斯克在创立Zip2、PayPal等公司时的精英化小型团队的管理方式，网罗了一批技术专家。SpaceX公司内部没有通常意义上的部门划分，各专业领域员工平等地参与技术研讨、设计、开发等工作。SpaceX公司大力倡导硅谷文化，尤其是开放、融合的工作作风，极力营造管理有序和氛围宽松的工作环境。SpaceX公司推进系统副总裁评价，员工每天都可以踏实地做实际工作，而不是把有限的时间浪费在开会、审批和办公室政治上。

在这种企业文化的感染及员工持股政策的激励下，SpaceX公司的每个员工都由衷地感到一种在参与改变人类历史进程的自豪感，从而会自发寻求各种节约成本的途径。他们没有买新的经纬仪跟踪火箭轨道，而从eBay上买了个二手货，省下2.5万美元；雇一家专业的火箭打捞公司要25万美元，而SpaceX公司选择能处理敏感设备的商业打捞公司，只要6万美元。

### 2.1.5 政府技术资源扶持，合同任务保证

SpaceX公司的成功被看作是“私营体制＋商业模式”创新的成功。事实上，其背后得到美国政府的全力支持，包括核心技术注入、资金投入、资源输入、合同任务保证、发射保障支撑、商业航天政策等支持。

#### 2.1.5.1 技术注入

在NASA的支持下，猎鹰号火箭使用了很多美国航天工业已经成熟的技术：“灰背隼”火箭发动机来自美国阿波罗号登月舱下降级发动机，已使用几十年，几乎不用考虑可靠性问题。没有政府的技术开放，火箭最关键的心脏——发动机，也不是短短几年就可以做好的。

#### 2.1.5.2　人力、技术资源投入

NASA 不仅开放了阿波罗号登月和航天飞机研发的大量技术报告，转移了大量成熟技术，如图 2-2 所示，还把核心技术骨干派到 SpaceX 公司，包括：美国最大的发动机制造商汤普森·拉莫·伍尔德里奇公司（TRW）的液体推进专家汤姆·米勒（Tom Mueller），他设计、制造过世界上最大的火箭发动机；波音公司的蒂姆·布扎（Tim Buzza），他做过 15 年德尔它（Delta）号系列火箭测试主管；麦道飞机公司（McDonnell-Douglas Corporation）的克里斯·汤普森（Chris Thompson），他是大力神号（Titan）火箭的首席设计师等。

图 2-2　NASA 技术输出

#### 2.1.5.3　公共资源投入

火箭发射不仅仅涉及火箭研发制造本身，还包括地面系统、发射场地、测控通信、气象监测和预报等。NASA 允许 SpaceX 公司使用测试台架，美国空军给他们提供了测试场地，同时也得到遥测遥控和气象等各方面的支持，这些系统的建设都不是私营公司能承担得起的。

#### 2.1.5.4　合同任务保证

SpaceX 公司参与了美国商业轨道运输服务（COTS）第一阶段项目，2006 年 8 月 18 日，赢得了 2.78 亿美元合同。2008 年 4 月 22 日，NASA 授予其一项价值 2 亿～10 亿美元的柔性发射服务合同，

使用猎鹰号火箭在2010年6月30日—2012年12月之间进行一系列发射，根据发射任务和次数确定最后的合同金额。至此，SpaceX公司得到14份发射订单。2008年12月，SpaceX公司获得NASA正式的商业补给服务（CRS）合同，价值16亿美元，含12次货运发射服务。2010年6月，SpaceX公司获得一项商业合同，使用数枚猎鹰-9火箭发射下一代铱星（Iridium NEXT），总价值4.92亿美元。2011年4月，又得到商业客运开发第二阶段的7 500万美元合同。2015年11月25日，获得NASA订单，利用猎鹰-9火箭发射龙货运飞船，第11次为国际空间站（ISS）送去航天员补给和试验设备。这些合同既保证了SpaceX公司的顺畅运营，也增强了投资者及客户对SpaceX公司的信心。

#### 2.1.5.5 政策支持

2004年，美国总统小布什推出星座（Constellation）计划，NASA退出地球轨道发射任务，全面转向深空，地球轨道运输则转交商业公司，商业轨道运输服务应运而生，SpaceX公司因此受益。奥巴马总统上台后，继续布局商业航天的发展，接见SpaceX公司人员，表达政府对商业航天公司发展的支持。美国现任总统特朗普还夸奖了SpaceX公司和蓝色起源（Blue Origin）公司，鼓励两家公司以及其他由美国企业家创立的非传统航天公司打败NASA，率先登陆火星。

离开美国政府的支持，完全依靠自己的力量或纯粹的商业化运作，SpaceX公司不可能有今天这样的发展。

### 2.1.6 低价打破国际航天发射市场竞争格局

自2002年成立以来，SpaceX公司就坚持“简单、低成本、高可靠”的经营理念，目标是从根本上降低发射成本并且将太空访问可靠性提高10倍。

2013年，在研制一次性运载火箭（EELV）项目中，美国空军支付联合发射联盟公司（ULA）的单次发射成本超过3.8亿美元。

另外，每年还需按照固定价格支付 10 亿美元作为运营费用，相比之下，猎鹰-9 火箭单次发射成本包括运营费用仅为 1 亿美元。

SpaceX 公司以低成本策略打入航天发射市场，自 2007 年以来连续盈利，服务对象除了 NASA、美国军方，还扩大至商业卫星运营商。截至 2013 年 9 月，SpaceX 公司已签订了近 50 份合同，总价值约 50 亿美元，2005 年 11 月，其员工人数由最初的 30 人增至 160 人，2008 年 7 月超过 500 人，2012 年 9 月为 1 750 人，目前超过 3 000 人，呈现出快速发展趋势，具有极高的劳动效率与投入产出比。

### 2.1.7　SpaceX 公司成功因素分析

航天产业化、商业化发展为航天事业发展注入了新的动力。SpaceX 公司的成功为航天事业的创新发展树立了典范。SpaceX 公司的成功离不开以下任何一个因素：埃隆·马斯克的创新思维和奋斗精神、美国坚实的航天工业基础、政府对航天发展的支持、私营企业高效的管理体制、优秀的航天人才团队、核心技术和关键技术的支撑等。可以说 SpaceX 公司的成功是在美国航天核心能力保障下取得的，体现了美国航天的综合实力。

### 2.1.8　SpaceX 公司发展的启示

#### 2.1.8.1　掌握核心技术

（1）核心技术自主可控

核心技术自主可控是 SpaceX 公司能够稳步成功，并做到商业成本可控、质量风险可控，做出有竞争力的产品的基石。20 世纪末，我国曾因航天产品关键部件受美国制裁，整星研制受到影响。至今，许多关键器件、组件仍需要付出高昂的成本，成为我国航天产品高成本的原因之一。自主掌握核心技术，实现配套产品、部组件、元器件、工艺等自主可控，不仅是突破国际政治环境的需要，也是提升商业航天竞争力的需要。

(2) 突破封锁的关键是掌握核心技术

我国在国际商业市场的竞争力同时受到《美国国际武器贸易条例》(ITAR) 等政策的限制，即禁止美国制造或含有美国制造部件的卫星用我国火箭发射，表面看似乎是政治因素。但是，类似例子对俄罗斯无效：美国因乌克兰问题，全面禁止美国的火箭使用俄罗斯的发动机核心部件，但美国目前却不能生产出替代俄罗斯 RD-180 发动机的产品，在政治矛盾极其尖锐的条件下，美国政府照样继续允许采购该火箭发动机。

(3) 善于利用他国先进技术

SpaceX 公司也不仅仅利用美国的成熟技术。为实现航天技术的小型化和通用化，2005 年 1 月，其购买萨瑞卫星技术公司 (SSTL) 10%的股份，充分利用他们的技术。搅拌摩擦焊技术是英国焊接研究所 (Welding Institute) 于 1991 年 10 月申请专利的技术，波音公司于 1998 年引进该技术，用于火箭制造。

#### 2.1.8.2 提升创新、风险管理和国际竞争等理念

(1) 创新思维是引领成功的基石

远大而坚定的火星梦以及强大的意志力，是埃隆·马斯克成功的重要因素，他的创新思维在 SpaceX 公司走向成功的过程中发挥了重要的引领作用。我国在互联网+、新能源汽车等领域，通过引进、吸收、再创新，取得了一定的成功。不过，我国传统文化讲究中庸，具有个性、抱负的人可能被认为不守规矩而遭到排挤和打压。因此，更加需要为创新引领者打气，激励创新思维迸发，营造原始创新氛围。

(2) 直面航天高科技风险，容忍失败

SpaceX 公司多次对航天试验进行现场直播，因此其被誉为当今世界最透明的航天公司。在直播中，人们既看到了成功，也目睹了失败。这样做并没有使人们对航天失去从失败走向成功的信心，反而增加了人们对航天的高风险和高成本的理解。相反，我国航天事业面临更多必须成功的压力。如何正确认识航天事业的高风险，综

合协调可靠性与成本间的平衡点，在非载人类空间任务中尤其值得思考。

（3）正确认识 SpaceX 公司对我们的竞争威胁

美国、欧洲等是我国航天领域传统的竞争对手，我们通过地域政治影响力、价格优势等取得了一定的国际商业航天市场份额。SpaceX 公司的成本优势将使我国航天在国际竞争中承受更大的压力。但通过分析其崛起背景和发展目标可知，其低价并非针对我国，更多的是针对波音公司和洛·马公司等大型航天公司的垄断。

#### 2.1.8.3　加速运载火箭回收和重复使用试验研究

SpaceX 公司的火箭回收技术并非原创，早年苏联、德国等国家就进行过重复使用技术的试验，该技术在美国航天飞机上得到成功的验证，然而，限于当时的技术条件最终弃用。随着技术的发展与方案的改进，原先难度大的方案逐渐变得可行。我国返回式卫星和飞船返回方式均采用降落伞式，基于降落伞式的火箭回收利用技术是我国最易实现的。基于垂直起飞、垂直降落的运载技术在我国目前仍然处于仿真与方案设计论证阶段，随着技术的发展，值得对此加强投入。

#### 2.1.8.4　逐步引入民间资本投入航天事业

事实上，我国的航天领域还有很多值得投入之处：航天技术应用产业在整个航天产业链中份额最大，而我国卫星通信、卫星导航、卫星遥感等应用领域依然落后发达航天国家很多。在卫星、火箭制造等领域，许多单项产品技术、核心技术、关键技术等差距仍然很大，而这些领域中有不少是利润空间巨大的产业。引导民间资本投入这些领域或基础产品创新领域，将对我国航天事业的长远发展、商业竞争力的提高等发挥强有力的促进作用。

因此，既要鼓励民间资本参与航天的产业化发展，更要鼓励他们投入航天基础创新、产品创新、应用创新等领域，推动我国航天事业的创新和长远发展。SpaceX 公司发展的冲击波，使我们更加全面地认识世界航天发展形势。在新形势下，要统筹规划，制定新的航天发展战略；加强顶层设计，发挥重大专项的牵引作用；加强航天核心能力建设，促进航天事业的整体和长远发展。

# 2.2 DigitalGlobe 公司商业发展模式

## 2.2.1 DigitalGlobe 公司基本情况

美国数字地球（DigitalGlobe）公司与地球眼（GeoEye）公司于 2012 年合并，成为全球最大的高分辨率商业光学成像卫星运营商和影像数据供应商。数字地球公司是美国政府和军方商业遥感数据最重要的供应商，在美国高分辨率光学遥感市场处于垄断地位。美国国家地理空间情报局（NGA）长期支持数字地球公司发展。在美国国家地理空间情报局“清晰视景”“下一代视景”和“增强视景”等计划的支持下，数字地球公司运营的由 1 颗地球眼-1（GeoEye-1）和 4 颗世界观测（WorldView）系列高分辨率商业遥感卫星组成的星座的最高空间分辨率达 0.3 m。

DigitalGlobe 公司成立于 1995 年 3 月，是由鲍尔宇航技术公司和世界观测成像公司合并而成的。DigitalGlobe 公司总部位于美国科罗拉多州，在加利福尼亚北部、华盛顿、伦敦和新加坡设有分公司。2012 年 7 月，DigitalGlobe 公司合并其竞争对手 GeoEye 公司。经过 20 余年的发展，DigitalGlobe 公司已经从一家创业公司成长为业界领先的跨国公司，在全球设立了超过 12 家办事机构，拥有 1 000 多名员工。收购 GeoEye 公司后，DigitalGlobe 公司从只有 1 颗卫星发展成拥有 5 颗卫星的公司。2017 年 5 月，加拿大麦克唐纳·德特威勒联合公司已经完成了 DigitalGlobe 公司的收购。

数字地球公司目前的收入主要通过 3 个途径：

1）国防与情报领域图像采购；

2）直接访问合作（DAP）；

3）商业图像采购。

其中，国防与情报领域图像采购收入占比最高，大多来自美国政府机构，尤其以安全部门和国土部门为主。近年来，尽管来自商业用户的图像采购收入实现快速增长，但来自美国政府的收入占比仍高达 2/3。

### 2.2.2　MDA 公司收购美国 DigitalGlobe 公司协议及内容调研

2017 年 2 月，加拿大麦克唐纳·德特威勒联合（MDA）公司提出将以 24 亿美元收购美国遥感卫星运营商数字地球（DigitalGlobe）公司并承担其 12 亿美元债务，创下全球卫星遥感市场商业收购最高金额纪录。数字地球公司是全球最大的高分辨率商业成像卫星运营商，其被 MDA 公司收购是近年商业卫星遥感领域深刻变革下的标志性事件，将对未来卫星遥感产业产生重要影响。

收购协议内容包括：

1）数字地球公司在收购完成后成为 MDA 美国分公司劳拉空间系统－MDA 控股公司（SSL－MDA Holdings）的子公司，具备独立运营权，并由现任 MDA 公司总裁兼首席执行官（CEO）兼 SSL－MDA 控股公司 CEO 的霍华德·兰斯直接领导；

2）数字地球公司 3 名现任董事进入 MDA 公司董事会；

3）数字地球公司名称、品牌和位于美国科罗拉多州的总部保持不变；

4）MDA 公司与数字地球公司签订协议，规定一旦收购交易无法顺利完成，数字地球公司将获得 MDA 公司 1.5 亿美元的补偿。

数字地球公司是美国主要的遥感卫星运营商之一，承担大量美国政府和军方业务。为获得美国政府对此次收购的批准，MDA 公司通过“美国访问计划”，在收购前开展了一系列准备工作，包括：

1）2016 年 5 月聘请美籍人员、美国哈里斯公司前总裁霍华德·兰斯作为公司总裁兼 CEO；

2）重组 MDA 公司在美国的业务部门，将加拿大和美国业务运营权统一交由 SSL－MDA 控股公司管理；

3）计划在 2019 年前完成 SSL－MDA 公司的进一步重组，最终实现在纽约证券交易所上市，成为完全的美国本土公司。

“美国访问计划”是 MDA 公司提出的，旨在帮助其实现承接美国政府业务目标的发展战略。

### 2.2.3 DigitalGlobe 公司内部组织管理

DigitalGlobe 公司的高管层主要由以下人员组成：总裁兼首席执行官，副总裁、首席财务总监及司库，执行副总裁、首席技术执行官，执行副总裁、运营和客户体验负责人，高级副总裁兼信息主管，首席副总裁兼总法律顾问，高级副总裁兼负责国防和情报业务的主管，高级副总裁兼战略和公司发展规划主管，高级副总裁兼政府联络负责人，高级副总裁兼销售主管。

DigitalGlobe 公司的董事长和首席执行官分别由 2 个人担任。公司的董事会由 4 个委员会组成，分别为审计委员会、薪酬委员会、提名及治理委员会、战略委员会。它们的职责分别为：

1）审计委员会：负责选取公司的独立审计师，监督独立审计师的独立性和有效性；评估公司的会计政策、内部控制、财务报表以及内审程序等。

2）薪酬委员会：负责管理公司的股票期权、股票购买计划；对公司首席行政官的年度业绩进行评估，同时也要对首席执行官考核公司其他主要管理人员的业绩结构进行评估，以此确认这些管理人员是否有资格继续在公司任职等。

3）提名及治理委员会：负责对公司的发展规模、组成和管理提出建议，制定董事会人员的提名流程以及公司的治理原则，对董事会成员进行监督等。

4）战略委员会：主要负责监督公司的发展，定期更新公司的风险管理规划，包括公司的管理战略、风险规避计划，以及“增强视景”计划合同的执行情况等。

### 2.2.4　DigitalGlobe 公司数据服务模式

作为 GeoEye、WorldView 系列卫星的运营商，近年曝光了 DigitalGlobe 公司服务美国国家地理空间情报局的应用模式。美国数字地球公司的全球增强地理空间情报交付（G-EGD）项目（如图 2-3 所示）向 NGA 及其用户提供最新、非密的高分辨率图像，以支持作战决策、突发事件和态势感知。在“下一代视景”（NextView）计划授权下，G-EGD 项目的正射校正和正射镶嵌产品在线上和线下均可获取，包括近无云基础图像底层产品、全球图像条带连续交付产品、高优先级地理位置的“快速响应”图像产品等。任何连接互联网的设备均可按需访问。凭借世界最先进的商业成像卫星星座，数字地球公司每天增加近一百万平方千米的新图像，使 G-EGD 项目的多数产品可当天交付，保证向客户提供最新的数据。

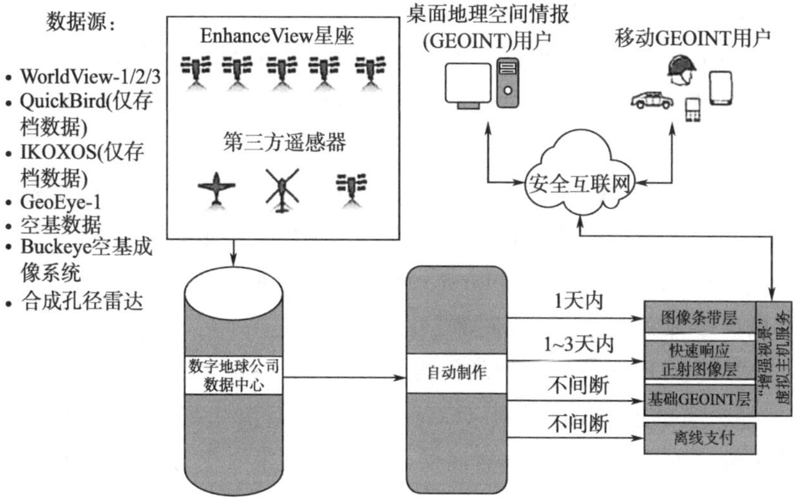


图 2-3　全球增强地理空间情报交付项目

“增强视景”计划虚拟主机服务（EV WHS）是 G-EGD 项目的核心，EV WHS 向业界用户提供最全面、基于互联网/非安全互联网协议路由网络（NIPRNET）/安全互联网协议路由网络

(SIPRNET) 的高分辨率正射影像在线接入服务，相关数据包括多层图像和多种数据源。EV WHS 访问方式包括以下 3 种：

1) 通过开放地理空间联盟（OGC）服务访问。该服务与 OGC 相符的政府或商业应用兼容，在线门户例如 FalconView、ArcGIS、SA 和 Gaia。开放地理空间联盟服务项目如表 2－1 所示。

**表 2－1 开放地理空间联盟服务项目**

| | |
|---|---|
| 网页地图服务(WMS) | 与多数 GIS 软件互操作，按照用户定义的参数显示图像 |
| 网页覆盖服务(WCS) | 分割并下载用户选择的感兴趣的区域图像，以支持的文件格式输出 |
| 网页特征服务(WFS) | 以强健的标记数据进行查询，提供实时覆盖显示 |
| 网页地图分块服务(WMTS) | 为缩放快速交付图像，允许客户端和服务器端的缓存 |
| 网页处理服务(WPS) | 允许异步下载和存储图像 |

资料来源：DigitalGlobe 公司。

2) 通过"我的数字地球"访问。该产品是一个直观的、基于浏览器的工具，用户可根据位置、观看内容等需求进行搜索，具有多样化的输出形式，用户可获得虚拟镶嵌的"混搭"产品，可输出并保存为多种格式文件。

3) 通过"数字地球服务"访问。该产品是基于浏览器的图像选择工具，与基于"锁眼标记语言"（KML）的浏览器兼容，例如 GoogleEarth、ArcGISExplorer、WorldWind 浏览器。用户可以分割并按照多种文件格式下载图像。

EV WHS 可交付的产品包括 3 类：

1) 基础地理空间情报（FG）层：目前是由 0.25°地理区域构成的无缝、近无云或正射镶嵌底层，当前可满足 6 个月到 3 年间隔的需求。

2) 图像条带（IS）层：线上提供的、及时的正射校正的图像条带，可在 24 h 内交付。

3) 快速响应正射（RRO）层：按需的、正射校正/正射镶嵌的图像，以用户申请提供，从订单确认到图像可交付的时间为单条带

24 h内，大于1 500 $km^2$图像的交付时间需72 h以上。

数字地球公司采取了下列措施以保证敏感数据的安全性。

1）采用128位加密套接字协议层（SSL）加密。

2）实施用户访问限制。构建了全球独一验证（GUID）用户验证模型，通过基于图像层级的授权访问和地理限制，控制个人账户访问。

3）使用非安全互联网协议路由网络和安全互联网协议路由网络。

### 2.2.5 DigitalGlobe公司市场运营能力分析

数字地球公司在2012年合并GeoEye公司后，其销售额占据了世界遥感卫星数据销售份额的30%～40%，自然而然地成为遥感卫星数据市场的龙头企业。

数字地球公司市场运营特点分析如下。

（1）完善公司治理结构，登陆资本市场获得融资

一方面，此举措便于接受公众尤其是投资者监督；另一方面，研制和发射高分辨率遥感卫星耗资巨大，从资本市场融资有利于减轻政府负担，政府还可以通过购买卫星图像来扶植相关产业，使卫星资产得到最优配置。

（2）横向一体化产业链战略

由于卫星遥感图像市场是一个产品差别化较小、规模经济较为明显的新兴产业，因此在经历了产业初期的多公司阶段后，必然会进入不断兼并形成寡头格局的阶段。而兼并重组后形成大企业，一方面有利于避免恶性价格竞争，另一方面也有利于形成规模经济、降低成本、提高服务质量，集中力量进行新的高精度遥感技术和图像处理技术的研发。此外，更有利于政府根据法律对商业化卫星图像进行管控。

（3）卫星资产的管控方式及销售策略

卫星的测控和遥感数据接收由公司自行完成，因此能够快速满

足客户的个性化需求。

(4) 不同发展期的融资渠道

在培育期、并购发展期以及成熟期，其资金来源如表 2-2 所示。

**表 2-2 数字地球公司发展资金来源**

| 不同时期 | 资金来源 |
|---|---|
| 培育期 | 国内外支持航天产业发展的公司、基金等；<br>股权私募资金，如黑石基金等；<br>政府早期订单和研发支持基金 |
| 并购发展期 | 政府预付图像采购订单和对卫星研制的补贴资金；<br>公司自有资金；<br>战略投资者和财务投资者投资 |
| 成熟期 | 政府采购订单资金；<br>公司销售收入、利润等；<br>资本市场融资 |

资料来源：钱学森空间技术实验室。

可以看出，数字地球公司对于政府采购的依赖程度非常高。尤其在发展的早中期，卫星研制、业务扩张以及企业兼并收购的资金主要来源于政府的预付账款所带来的现金流。

(5) 行业核心竞争力——高精度的数据指标

由于遥感卫星图像公司所提供的产品结构不具有太大的差异性，因此构成其核心竞争力的关键因素是其所能提供的图像分辨率和定位精度。WorldView-4 卫星数据精度是其他国家暂时达不到的。

通过对数字地球公司运营特点的分析，可以发现，数字地球公司在市场运营方面具有较强的能力，并且基于数字地球公司的成像能力，可以判断数字地球公司在遥感卫星领域未来 5 年内依旧占据全球市场的大部分份额。

## 2.3 商业通信卫星运营商一网公司商业发展模式

### 2.3.1 一网公司融资情况

从目前的融资情况看，一网公司的发展最为乐观。据估计，其整个互联网星座至少需要融资 25 亿～30 亿美元。高通公司（Qualcomm）和维珍银河（Virgin Galactic）公司是 OneWeb 系统最早一批的投资者，并享有部分一网公司的股权。除了上述两家公司，通过与产业链利益相关方合作的方式，一网公司还获得了多方融资，包括印度和墨西哥的电信运营商、可口可乐公司、空客公司、国际通信卫星公司（Intelsat）、法国和美国的进出口的银行等，这些都是 OneWeb 系统的投资商。

2016 年 12 月，一网公司获得了 12 亿美元的投资，其中 10 亿美元来自软银集团。这 12 亿美元将用于世界上第一个也是唯一的高容量卫星生产设施建设。设施生产能力每周将达 15 颗卫星，其成本远远低于目前世界上任何卫星制造生产成本。一网公司还将加快其通信网络的建设、发射和运行工作。

### 2.3.2　一网公司资本合作

OneWeb 星座的部署、运营和服务主要依靠资本合作来完成：卫星制造采用与空客（Airbus）公司合作的方式；卫星发射由阿里安航天公司和维珍银河公司完成；高通公司负责空中接口的设计和打造双模终端；休斯网络公司负责终端的设计，并与可口可乐公司一起负责产品的分销；卫讯公司负责地面信关站的建设；印度巴哈蒂公司（Bharti Enterprise）和墨西哥通信公司（Totalplay Telecommunications）负责印度和墨西哥市场的分销和服务；洛克维尔－柯林斯（Rockwell Collins）公司和汉尼维尔公司（Honeywell）负责航空终端；与 Intelsat 共享用户和服务。

### 2.3.3　一网公司卫星互联网星座项目发展能力分析

（1）率先申请频率轨位的使用权

卫星互联网成败的关键之一就是能否获得频率资源。一网公司已经确认获得了 Ku 频段频率资源使用权。2015 年年初，全球掀起了卫星互联网热潮，许多企业都向全球无线电频率协调委员会

(ITU) 提出了动辄数千颗卫星的频率轨位申请，企业无法在短时间内获得频率轨位资源，有可能会拖延卫星互联网星座计划的发展进度。

ITU 对于频率资源的申请实行“先到先得”的原则。一网公司在 2014 年完成了频率轨位的申请。为了避免干扰静止轨道卫星，一网公司采用一种功率升降技术，在低轨卫星经过赤道上空时调整卫星的功率通量密度，避免对静止轨道卫星的地面服务造成干扰。一网公司还与全球最大的静止轨道卫星运营商 Intelsat 达成合作协议，为频率协调提供了极大的便利。一网公司通过提前申请到频率轨位资源，抢占了发展的先机。

(2) 独特的市场定位和竞争策略

从卫星互联网星座的发展历程看，如何处理卫星与地面的关系是决定成败的关键。在这一点上，一网公司充分借鉴了 O3b 公司的成功经验，与电信运营商合作，同时吸取铱星的教训，不再出售卫星电话与地面竞争。

一网公司的服务主要有 2 个特点：

1) 卫星提供蜂窝回程服务，解决“最后 1 千米”的问题，而骨干网服务还是由各大电信运营商完成，或是将卫星接收设备作为小区“热点”，拓展现有的地面网络。

2) 将个人消费者（家庭、学校或社区）作为目标客户，不出售类似铱星电话的专用卫星终端设备，不与发展较快的智能手机和平板电脑争夺用户，用户可以继续使用现有的智能手机和平板电脑访问卫星网络。

(3) 传统与创新相结合的销售渠道

一网公司采用了传统与创新相结合的方式：既选择在宽带卫星运营和相关地面设备销售非常有经验的休斯网络公司，利用其完善的销售渠道和丰富的销售经验，主攻传统行业用户，又创新性地选择与可口可乐公司合作，利用可口可乐公司遍布全球的销售网点，更加贴近大众消费市场。同时，可口可乐零售店本身也可以作为

OneWeb 网络的用户。

从一网公司的发展来看，为了实现系统的高性能、低成本目标，满足数百上千颗卫星研制、数十次密集发射的需求，其在卫星与地面系统设计上均采用了诸多新技术，引入了工业 4.0 的新研制模式打造智能化卫星工厂，驱动了整个传统卫星制造与发射行业对已有能力的重新审视与深化调整。作为其供应商之一的美国 SolAero 公司，以往主要根据轨道和任务为卫星提供定制化的太阳帆板，如今则立足于支撑一网公司的大批量需求，大力投资并引入自动化工具，以提高产量并降低成本。相同的情况也出现在加拿大麦克唐纳·德特威勒联合（MDA）公司等其他部件供应商身上。因而，在某种意义上，新兴星座的发展与行业的新变革之间存在着相互促进、相互影响的密切关系。

### 2.3.4　一网公司市场定位

一网公司表示，尽管其最终目标是建成全球无缝覆盖的宽带卫星互联网接入系统，但在星座建设初期将率先对发达国家地面网络尚未覆盖的中小型企业开展 B2B 卫星通信业务，等到地面用户终端设备的生产规模、营业额、现金流、成本控制等各方面达到一定程度之后，再全面开拓发展中国家边远地区的卫星宽带互联网接入服务。

在抢占发达国家 B2B 业务的同时，一网公司还将积极开拓航空和其他卫星宽带市场，并借助其合作伙伴，或者合作伙伴的合作伙伴，来获得重要而又关键国家（如印度、中国）的运营执照或落地许可，为将来开展更大规模、更深度的卫星互联网宽带接入业务打好基础。

根据以往低轨卫星星座的经验教训，用户终端设计和成本问题是星座成败的关键。OneWeb 星座的远期目标市场是中国和印度等发展中国家，因此用户终端价格低廉、使用方便、容易维护是一网公司进入这一市场的关键因素。

# 第3章　美国商业航天发展状况及发展模式

## 3.1　美国商业航天发射市场现状分析

### 3.1.1　NASA商业运输计划

NASA为推动载人航天领域商业运输发展，提出了商业运输计划，鼓励私营公司发展商业轨道运输系统。NASA期望通过商业项目改变与厂商的合作模式，即由购买航天器向购买服务转变。商业公司负责项目的整套运营，包括系统设计、研发、制造、试验、发射和运营管理等，NASA仅负责进度、安全监管及技术支持以及相应的启动资金支持。这种模式给予私营公司更大的自主性和灵活性。

2006年，NASA启动了商业轨道运输服务（COTS）项目，旨在为国际空间站发展商业补给服务。通过招标，NASA最终选择了两家创新能力强的私企，即太空探索技术公司和轨道科学公司，以运送货物到国际空间站。NASA根据合同中里程碑节点的完成情况，向他们支付相应的费用。目前，COTS项目进展顺利，两家公司均已经多次成功地向国际空间站运送了货物。

2008年12月，NASA分别与SpaceX公司和轨道科学公司签订了价值16亿美元和19亿美元的合同，采用SpaceX公司的猎鹰-9火箭和龙飞船以及轨道科学公司的心宿二火箭和天鹅座飞船在航天飞机退役后为国际空间站运送物资。

2010年年初，NASA又提出了商业载人开发（CCDev）计划，以鼓励私营公司开发可靠、性价比较高的商业载人航天运输系统，接替航天飞机执行向国际空间站运输货物与人员的任务。NASA采用与 COTS 项目相似的方式来执行，向波音公司、内华达山脉公司、太空探索技术公司、蓝色起源（Blue Origin）公司等授予共计 5 000 万美元的合同，用于系统概念、关键技术的研发。

2011 年 4 月 18 日，NASA 提出了第二轮商业载人开发（CCDev2）计划，如图 3-1 所示，分别向波音公司、内华达山脉公司、太空探索技术公司、蓝色起源公司授予了项目研发合同，进行载人航天器方案的研发。

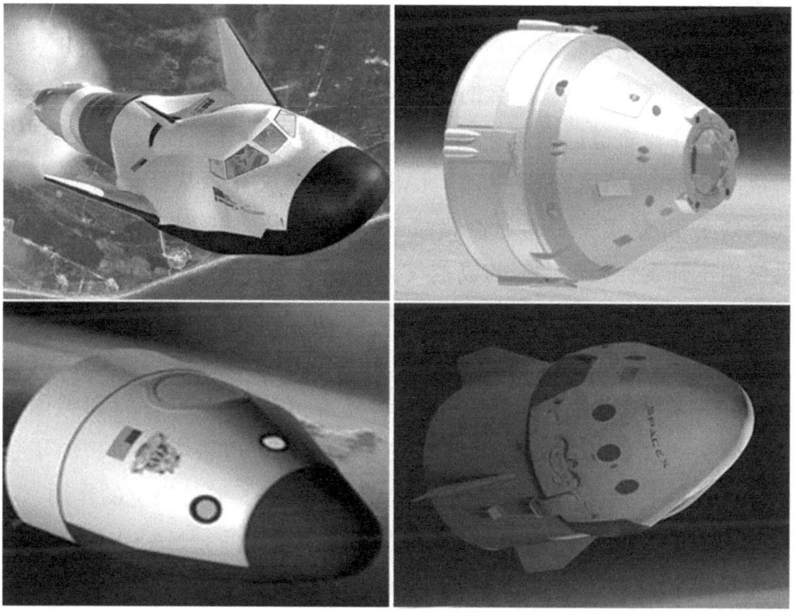

图 3-1　CCDev2 计划

2012 年 8 月，SpaceX 公司获得价值 4.6 亿美元的商业载人开发合同（CCiCAP 协议），波音公司的 CST-100 太空舱和内华达山脉公司的追梦者飞行器也同时中标。2014 年 9 月，NASA 又分别向波音公司和 SpaceX 公司授予价值 42 亿美元和 26 亿美元的商业载人开发运输能力合同（CCtCap）。

### 3.1.2 NASA 投资回报情况

太空探索技术公司和轨道科学公司近地轨道运输系统的开发仅获得 NASA 商业轨道运输服务项目下 7.88 亿美元的投资（其中 5 亿美元为初始投资，2.88 亿美元为 2011 财年追加的投资）。商业载人开发与货物项目办公室利用其有限的预算实现目标最大化，将超过 93%的资金支付给合作伙伴的里程碑事件，其余资金用于项目管理、技术支持和日常开支。

在商业轨道运输服务项目结束时，NASA 为商业运输系统开发与验证提供的资金不到总资金的 50%，其中政府给轨道科学公司的资金投入除了商业轨道运输服务项目外，还包括发射和地面设施。美国空军成本模型（NAFCOM）基于 NASA 环境和文化，从低至 4.43 亿美元到高至 40 亿美元，对研制猎鹰-9 火箭的成本进行了评估。然而，最终用于开发、验证火箭的成本仅为 4 亿美元，不到计划的 10%。这样，NASA 就能够获得大大低于航天飞机成本的货运服务。

在多年鼓励私营航天发展的良好环境下，加之美国新航天政策的转变，从 21 世纪初开始，蓝色起源公司、SpaceX 公司和英国维珍银河公司相继成立，与老牌的波音公司、轨道科学公司、内华达山脉公司等私营公司一起在商业航天领域发挥了举足轻重的作用。

2014 年 9 月 16 日，在对多家方案进行评比后，NASA 宣布波音和太空探索技术公司两家赢得了商业载人运输合同。两家分别获得 42 亿美元和 26 亿美元的商业载人运输合同。

## 3.2 美国商业航天轨道运输政策

### 3.2.1 商业航天政策演变

尽管美国在 20 世纪 60、70 年代就开始了商业航天的相关尝试，但并未正式将支持商业航天发展纳入国家航天政策。自 20 世纪 80 年代开始，美国法律和政策已开始引导 NASA 拓展商业航天市场。

技术的成熟催生航天市场化，这也是美国航天发展的重要策略。这一策略可以降低成本、加快技术创新步伐、提高任务效率。

1988 年，时任美国总统里根在《关于国家航天政策的总统指令》中首次使用一整个章节，说明美国促进商业航天领域发展的政策方针，提出美国政府应借助由市场推动的商业航天领域，扩大私营成分对航天领域的投资，通过不断增长的航天产品与服务促进美国的经济增长和支持政府航天项目的发展。该政策还提出了最大限度利用商业航天产品与服务，避免政府与商业航天领域的竞争关系等具体方针。随后的布什和克林顿政府也分别发布了《美国商业航天政策方针》和新版《关于国家航天政策的总统指令》，进一步明确和扩展了美国政府对商业航天领域的支持范围。

1988 年，美国通过了《商业航天法案》，以法律的形式再次强调了美国政府对商业航天领域发展的重视。1998 版美国《商业航天法案》从国际空间站、导航卫星和遥感卫星等角度出发，提出了对商业航天的具体支持政策。该法案提出，在国际空间站方面，将近地轨道航天活动的经济效益作为建设国际空间站的重点目标之一；在导航卫星方面，美国认识到在商业航天领域提供的 GPS 设备及相关服务的支持下，GPS 系统已成为民用、科学及军事航天发展的关键要素，并提出通过扩展国际合作的方式，支持 GPS 应用的发展；在遥感卫星方面，提出将空间科学数据作为商业产品进行交易，以便从商业数据提供商处获取空间科学数据等。美国先后出台的国家级商业航天政策有力地促进了其商业航天领域的发展。

时至今日，在 2010 年公布的最新版《美国国家航天政策》中，美国大力支持商业航天企业的发展，在其发展原则中指出："稳健、具有竞争力的商业航天企业对空间的持续发展至关重要。鼓励并推动美国商业航天企业的发展，这些商业企业要能够支持美国需求，具有全球竞争力，能够提升美国在新一代市场中的领导地位且具有创新性的企业精神。"此版航天政策强调了商业航天的重要性并提出了新的要求：积极探索采用创造性、非传统的方式获得商业航天产品和服务，即政府出资支持，私营企业应承担一定比例的投资风险和责任。新政策还指出要将日常运营职能转移到商业航天企业，培育商业航天企业的技术创新和创业冒险精神，积极促进美国商业航天产品和服务的出口。《美国国家航天政策》指出，与私营企业加强合作实现往返于国际空间站的乘员及货物商业航天运输能力，对NASA的近地轨道商业运输计划予以支持。

为了促进美国国内商业航天运输业的发展，当前美国主要遵循以下原则开展工作：

1）应当尽可能购买和使用市场上提供的商业航天服务来满足美国政府需求；

2）当现有的商业服务不能完全满足政府需求时，应当调整商业航天服务，为政府提供一个效费比更高和更加及时的采购渠道；

3）积极开发创新型、非传统途径以获取商业航天产品和服务，如采用公共部门和政府部门合作、政府给予私营公司技术支持及购买商业卫星经营科学或操作数据产品以支持政府任务等方式；

4）只有在涉及国家利益，且无适合的、具有高效费比的商业服务系统（国内或国外）时，才发展政府航天运输系统；

5）在不涉及国家安全或公共安全的情况下，应当避免美国政府航天活动阻碍或与美国商业航天活动产生竞争的情况出现；

6）除涉及国家安全利益的发射任务不可私营化外，寻求一切机会将日常的航天发射任务转至可带来高效费比的私营公司；

7）通过使用奖励和竞争激励机制，在商业航天企业培养更多的技术创新专家和企业家；

8）以有偿、不干涉和公平为基础，最大限度地确保美国政府航天技术和基础设施，保障商业航天活动的发展；

9）尽可能为商业航天活动减负，确保及时颁发航天活动许可证；

10）借助美国工业已运用的标准和规定，营造出公正、公开的全球贸易和商业环境；

11）在国际合作中鼓励购买和使用美国商业航天服务；

12）积极推动美国商业产品和服务的出口，但必须符合美国技术转让和防扩散条约。

### 3.2.2　商业航天法案及监管

随着美国商业航天活动的日益频繁，美国在 1984 年出台《商业航天发射法案》，该法案历经几次修订，一直沿用至今。该法案对发射、返回管理、重复使用运载火箭以及载人航天飞行参与方作出了规定，但是没有对在轨活动作出任何规定。该法案的目标是促进美国商业航天产业的发展，提高全球航天企业竞争力，同时提供可预见的、有效的政府监管。为了实现这一目标，法案创建了一套发射许可系统，并为进一步的规章提供授权许可。该法案授予运输部发放许可并监管发射的特权。目前，该特权已委托给联邦航空管理局（FAA）的商业航天运输办公室（AST）。商业航天运输办公室对批准、否决、废止或修订发射许可有着重要决定权。

2015 年 5 月，美国参众两院出台多项法案，旨在为商业航天的发展营造良好的政策环境。5 月 20 日，参议院以口头方式通过了《商业航天发射竞争力法案》。11 月 10 日，参议院修订并最终通过了《商业航天发射竞争力法案》，主要内容包括：将商业载人航天飞行的管制学习期延长至 2023 年 9 月，以促进产业成熟；将有关“政府为商业航天发射造成的第三方损失进行补偿”的条款延期至 2025 年 9 月；明确政府部门对航天商业化发展的监管职能，要求安全优先，减轻监管对企业造成的负担；赋予美国公民利用太空资源的合法权益；规定 NASA 重型运载火箭航天发射系统的利用政策，凡符合 NASA 目标、用于探索近地轨道以远任务的载荷均可使用该火箭发射。11 月 25 日，奥巴马签署了该法案，法案的最大亮点是取消对航天创业公司的众多限制，以及赋予私人太空采矿合法性。2017 年，美国出台了《美国航天局过渡授权法案》，鼓励私营企业参与载人航天与货物运输竞争。

当前，与商业航天有关的活动，从发射和地面站到卫星通信和返回舱再入，均由美国的几家机构管理，包括：联邦航空管理局、联邦通信委员会（FCC）、国家海洋和大气管理局（NOAA）、国务院和商务部，如图 3-2 所示。

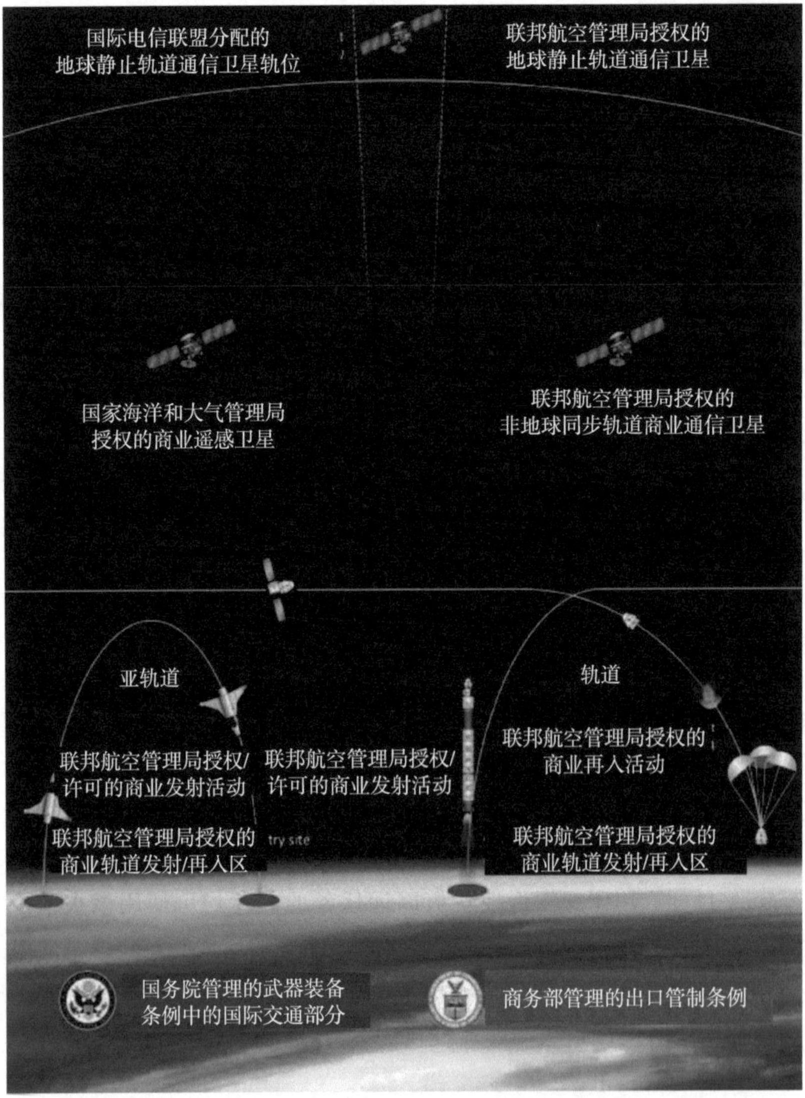


图 3-2 美国商业航天主要管理机构

在商业载人航天领域，2004 年，随着商业载人航天产业的兴起，国会对法案进行了修订，帮助制定规章标准来管理商业载人航天产业，随着产业的成熟以及制度的不断完善，这些规章标准既不会阻碍技术的发展，也不会使乘员或航天飞行参与者（如太空旅游者）处于不可避免的风险中，制定与乘员、航天飞行参与者有关的规章，并允许发射/再入重复使用亚轨道火箭。尽管 2004 年的修订法案使载人航天飞行规章的制定有了重大进展，但并没有对在轨商业活动制定相关规范。尽管目前国会确实对在轨载人航天活动制定了一些规章，但是尚无管理商业航天活动的综合计划。

#### 3.2.2.1　制度管理

美国联邦航空管理局商业航天运输办公室主要负责商业航天运输的授权和规章制度制定等工作，通过空间运输开发部、授权与评估部、规章制定与分析部、安全监察部、综合运营部 5 个部门进行管理，具体职责如下：管理美国商业航天运输产业，确保与美国承担的国际责任相一致，保护公众健康安全、财产安全及国家安全；鼓励、促进、提高私营部门的商业航天发射和再入活动；为联邦法规、协议、规章、政策、规划和流程提出修改意见；巩固并扩大美国航天运输基础设施。

美国联邦航空管理局商业航天运输办公室管理在美国境内外的由美国机构或团体组织的所有商业航天发射活动。许可和执照由商业航天运输办公室颁发，包括发射或再入细节许可、发射或再入操作许可、发射地点或再入地点操作许可、试验准许、安全批准和发射补偿等。

1）发射或再入细节许可。该许可针对一个特定的火箭型号的一次特定的发射或再入活动，授权一次或多次发射或再入。授权通过名称或任务来区分。有效期满或当许可授权的活动完成时授权过期。

2）发射或再入操作许可。该许可允许操作人员完成同一或同类型号的多次发射或再入。该许可授权利用同一系列火箭从一个特定地点的发射或再入，并运送特定种类的有效载荷或完成特定活动。

该授权自发布之日起 2～5 年内有效。

3）发射地点或再入地点操作许可。该许可批准一个可用于火箭发射或再入的地点。除了安全方面考虑，美国联邦航空管理局商业航天运输办公室还按照国家环境政策法案考虑了潜在发射或再入地点对环境的影响。发射地点或再入地点操作许可每 5 年更新一次。

4）试验准许。该准许允许亚轨道重复使用火箭的发射或再入。该准许比许可（licenses）推进得更快，有效期是 1 年。

5）安全批准。该文件确定已识别的安全要素不会危害到公众健康或财产。联邦航空管理局商业航天运输办公室会针对一次火箭发射、再入、安全系统、流程、服务或组件公布安全批文。

6）发射补偿。联邦航空管理局商业航天运输办公室还负责管理商业发射与再入运营商的财产责任和风险分担需求，该部分职责属于联邦航空管理局许可和批复的一部分。在现行法律下，一个航天发射公司将会承担最高达 5 亿美元的损坏赔偿，此后美国政府将会支付 5 亿～27 亿美元的损坏赔偿。

2012 年，NASA 与联邦航空管理局签订了一份商业航天活动谅解备忘录。根据备忘录要求，联邦航空管理局将对在美国发射和降落的任何商业载人航天活动进行管理，并要求商业发射服务商从联邦航空管理局获取商业发射公共安全许可证；NASA 将对商业发射的乘员安全性和任务保证工作负责。这份备忘录旨在规范商业航天飞行，保护公共安全，同时让像太空探索技术公司和维珍银河公司等从事商业发射及太空旅游的私营公司承担相应风险。备忘录的签订标志着利用商业能力将乘员送往国际空间站和近地轨道有了一项官方的运作政策。

#### 3.2.2.2 安全监管

在商业运输计划中，政府的要求会降至最低，但最为关注的是载人飞行的安全性问题。合作伙伴不需要套用 NASA 的项目管理流程和要求，可以自主开发创新方案。但为确保任务安全性，美国政府正逐步制定和完善商业轨道运输服务的安全性标准，并严格监管。

为了验证商业轨道运输服务能力，商业公司必须遵守 NASA 和联邦航空管理局的要求或规章，而且由于运载火箭从卡纳维拉尔角空军基地发射，太空探索技术公司必须满足美国空军的要求。商业运输系统必须做好以下几点：与国际空间站兼容、满足发射安全范围要求和获得联邦航空管理局的发射授权。国际空间站项目办公室向到访国际空间站的商业航天器提出相关要求并负责监督管理。美国空军第 45 航天联队监督发射安全范围。太空探索技术公司必须验证其操作满足第 45 航天联队发射安全范围要求，或者可以提供相同的安全等级。轨道科学公司的验证发射计划在弗吉尼亚的普斯飞行研究所进行，这里的安全范围由 NASA 监督。

目前，NASA 已开展商业航天器使用要求和标准的制定工作。NASA 根据商业公司的实际情况，基于现有的载人航天系统适人性评估流程，制订一套用于商业载人开发运输的载人航天认证流程，为此，NASA 形成了商业载人航天适人性计划（CHRP）。该计划是基于 NASA 在载人航天领域丰富的知识和经验建立的一套经过整理的技术要求、文件和流程，适用于商业空间运输服务供应商。商业载人航天适人性计划主要包含强制性要求、NASA 的监管、飞行试验项目、落实安全要求的检查、逃逸系统设计和飞行试验要求，以及 NASA 特殊要求等要素，为商业载人开发运输服务获取完整的 NASA 适人性认证。

除了满足 NASA 适人性要求，为了将 NASA 乘员成功运送到国际空间站，商业载人开发运输公司也必须满足服务要求文档中描述的项目要求及空间站到访航天器的要求。

## 3.3　美国商业航天轨道运输机构管理模式

### 3.3.1　已有的合同管理模式

自 NASA 成立以来，一直通过私营企业建造运载火箭和其他航天设备，如图 3－3 所示。NASA 主要采用合作模式并通过合同管理的办法对航天企业进行管理，执行载人航天任务。采用合作模式可减小 NASA 内部和外部在资金、技术上的压力，突破技术障碍，具备相应技术能力。这种分担成本、共同开发的合作伙伴关系可带来新的信息资源，不仅满足了 NASA 的技术需求，还可使国家受益。NASA 制定了开发计划，与其他政府机构和商业机构已经建立合作伙伴关系，一起开发 NASA 探索和发现任务所需的技术。

图 3-3 NASA 通过私营企业建造运载火箭和其他航天设备

很长时间以来，NASA 与商业公司的载人航天合作形式主要为购买航天器或部件，项目本身由 NASA 负责运营和管理。NASA 的绝大部分项目都会面向美国各大航天技术公司公开招标：一般 NASA 会提前提出项目的基本需求，而后各公司会根据自己的技术能力制作出相应的标书。NASA 评估后，选出最符合要求的企业，进一步确定合同细节。

在合同管理方式中，首先通过招标与主承包商直接签订合同，主承包商又把一些部件的生产转给分包商，分包商再把一些部件的生产转给“第二层”的分包商，如此转包下去。这种总承包与分承包相结合的承包制，使众多中小型公司有机会从利润丰厚的航天工业中分一杯羹，形成了以几家大型公司为中心囊括成百上千家中小企业的航天工业项目协作网。这些主承包商、分系统供应商和数以千计的零部件供应商构成了世界上技术最先进、种类最齐全、产值最高的航天工业体系。这种特殊的产业结构符合现代社会分工协作的客观规律，也符合经济效益原则和现代经济管理的原则，不仅实现了技术上的互相弥补和资源的有效组合，而且大大缩短了研制时间和生产周期，降低了生产成本，航天产品的产量和质量都得到较大幅度的提高。

在 NASA 众多承包商中，波音公司是 NASA 最大的主承包商。该公司承担了部分载人航天项目的研发制造工作，包括航天飞机轨道器和主发动机、土星-5 火箭、国际空间站舱段等。此外，洛·马公司是 NASA 另一大主承包商，研发制造的载人航天器和运输系统包括：猎户座多用途乘员飞行器、航天发射系统、国际空间站舱段和组件等。

以航天发射系统为例，在一个完整和开放的竞争流程下，NASA 最近选定了几项航天发射系统先进助推器风险降低项目。洛克达因公司与普拉特-惠特尼公司（简称普惠公司）正在基于阿波罗土星-5 主发动机合作开发液体助推器，该方式可最大限度地降低成本、提高可靠性和助推器性能。洛克达因公司正在开展飞行验证设计工作，融入最现代的商业制造技术。此外，NASA 与洛克达因公司签订了一份协议，允许洛克达因公司在成本偿还契约的基础上，参加推进、测试、制造和先进焊接加工应用等流程。在该协议下，洛克达因公司能够接触 NASA 专家团队、厂房和设备，而 NASA 可以分摊成本，加快工程进度。此外，NASA 这款助推器在可重复使用运载火箭系统有直接的商业应用。

### 3.3.2　新兴的市场运作模式

在商业载人开发和商业轨道运输服务项目之前，NASA 与商业公司的载人航天合作形式主要为合同购买航天器或部件，项目本身由 NASA 负责运营和管理。而在商业轨道运输服务（COTS）项目中，商业公司负责项目的整套运营，包括总体设计、研制、制造、试验、发射和运营管理等，NASA 仅负责进度、安全监管及技术支持。在此项目中，NASA 与商业公司的关系能够最大限度地提高私营公司研制计划的灵活性。与 NASA 签订合同的公司不是承包商，而是商业合作伙伴（CPs），商业公司在项目的运作上具有高度的自主性。

联邦采购条例（FAR）中规定了合同采购的法律流程，但是商业轨道运输服务项目不是传统的采购，或者确切地说根本就不是采购。NASA 不是在购买产品，而是与工业界合作，帮助其开发近地轨道运输服务。在商业轨道运输服务项目中，NASA 需要使用基于其他事务授权（OTA）的空间行动协议（SAA）。

在商业轨道运输服务项目中，采用固定价格里程碑事件的合作方式。在以往 NASA 与工业界的合作关系中，政府需要为不可预见的研发进度延迟支付额外的成本，由于开发商不需要为进度延迟和成本超支承担额外费用，造成承包商工作效率的降低。为此，探索系统任务部（ESMD）研究提出，利用衡量实际表现的里程碑事件可以对未来资金投入进行可信预测，也就是说，政府只有在企业完成相关的里程碑任务后才向其提供开发资金，而不再签订一个成本加利润的、开放式的研发合同，企业要比以往投入更多的自有资金。而且，每个承包商的里程碑事件不必完全相同。

总的来说，新型商业运作有如下 3 个特点：有限的 NASA 监管，灵活、现代的采购流程，以及可控成本和计划的固定价格激励机制。这种转变是美国航天策略的一次重大变革。对于未来商业载人开发运输的运营，将注重高水平和通用性，从而提供给商业供应商最大的灵活性，使其提出创新的、高效费比的解决方法。商业供应商通常负责所有管理、工程、生产、物流、测试和试验、发射准备、任务规划、集成、培训以及运营职能。

# 3.4 美国商业遥感卫星公司国家管理机构

## 3.4.1 美国国家海洋和大气管理局（NOAA）

国家海洋和大气管理局（NOAA）隶属于美国商务部，主要负责向美国的商业遥感卫星公司颁发卫星运营牌照，并负责在美国相关政府机构之间协调卫星图像的应用，以确保卫星牌照不对美国的国家安全和外交政策造成影响。

NOAA 对美国商业遥感卫星公司的管制依据 1994 年克林顿总统批准颁布的商业遥感数据销售的新法规——PDD - 23 令。该法规规定，美国商务部将代表美国政府，依据 1992 年陆地遥感政策，对美国商业遥感卫星公司提出的商业航天遥感系统经营申请进行审批。商业遥感卫星公司提交高分辨率遥感卫星运营申请之后，经过商务部同国务院和国防部协商后，由 NOAA 颁发相关运营许可证书。这些公司只有在得到许可之后，才能制造和经营高分辨率商业遥感卫星并对外公开销售其卫星图像。该政策同时也规定了一些限制条件：当国家安全、国际义务或外交政策可能受到危害时，美国政府有权限制商业遥感图像的获取和销售，甚至有权征用这些图像供政府使用。

## 3.4.2 美国国家地理空间情报局（NGA）

美国国家地理空间情报局（NGA）的主要任务是研究高分辨率商业遥感卫星或其他途径得到的各种图像数据，绘制出相应的地图，提供地理空间情报，包括地球自然特征和地理基准的分析与描绘，以支持国家安全行动。NOAA 负责美国商业遥感卫星公司的审批立项，颁发运营牌照，NGA 则主要负责商业遥感卫星图像的采购，它通过多项长期的商业遥感计划保证美国商业遥感卫星公司的稳步发展。

### 3.4.3　美国联邦通信委员会（FCC）

美国联邦通信委员会（FCC）负责向商业遥感卫星、卫星地面系统以及商业卫星系统使用的无线电频率颁发牌照。商业遥感卫星公司必须遵守 FCC 制定的技术、法律等要求。

除上述机构之外，美国的商业遥感卫星公司还受到国际电信联盟（ITU）和国外图像采购或者分发政策的管制。前者对这些公司每颗卫星的技术参数都有具体规定，而后者对这些公司的卫星图像采购或者分发都有严格限制。例如在印度，美国的商业遥感卫星公司只能向该国指定的分销商提供图像产品服务。

## 3.5　美国商业遥感卫星公司的运营模式

### 3.5.1　卫星制造商与卫星运营商相互独立

#### 3.5.1.1　GeoEye 公司

GeoEye 公司业务包括卫星图像和航空图像的销售业务。其中，卫星图像业务的数据主要来自在轨商业遥感卫星，航空图像业务的数据来自其子公司——MJ Harden。GeoEye - 1 卫星平台由通用动力公司研制，相机由 ITT 工业公司研制，加拿大 MDA 公司研制地面段，IBM 公司负责商务系统和系统集成。

#### 3.5.1.2　DigitalGlobe 公司

DigitalGlobe 公司与 GeoEye 公司合并后，总共运营 5 颗卫星，分别是 WorldView - 1、GeoEye - 1、WorldView - 2、WorldView - 3 和 WorldView - 4。DigitalGlobe 公司拥有和经营 3 座卫星图像地面接收站，集中接收卫星图像数据。DigitalGlobe 公司卫星中心控制与处理站设在朗蒙特，既负责协调各用户的图像获取申请和控制卫星星座，又接收和处理卫星图像并将其分发给用户所在地区的合作销售伙伴。

DigitalGlobe公司选择鲍尔宇航技术公司作为WorldView系列卫星的总承包商，分别于2004年3月、2007年1月和2010年9月签署了3颗卫星的研制合同。鲍尔宇航技术公司提供卫星平台，负责有效载荷以及卫星的总装集成。ITT公司负责相机焦平面单元和数字处理单元的设计和研制。第三代商业地球观测卫星WorldView-4则是由洛·马公司为DigitalGlobe公司制造的，于2016年11月搭乘美国擎天神5号运载火箭发射升空，目前已在617 km的预期轨道高度运行。

### 3.5.2　通过销售遥感图像和私募股权筹集资金

GeoEye公司和DigitalGlobe公司通过销售遥感图像和私募股权筹集资金两种方式填补研制和发射卫星的费用。

NGA是美国商业遥感卫星公司最主要的政府用户，在组建GeoEye公司的过程中，NGA的投入起了至关重要的作用。2003年，NGA推出一项新的对地观测计划，准备从提供卫星影像的民用公司中选取两家，打造新一代民用遥感卫星。DigitalGlobe公司首先从NGA获得了5亿美元的第一笔赞助资金，OrbitImage公司获得了NGA第二笔资金（4亿美元）。OrbitImage公司利用该资金进行上市，然后收购原SpaceImaging公司，成立了GeoEye公司。2010年8月，NGA公布了“增强视景”计划合同，GeoEye公司获得38亿美元，DigitalGlobe公司获得35.5亿美元。

私募股权是另外一种筹集资金的方式。GeoEye公司的OrbView-2卫星和GeoEye-1卫星以及DigitalGlobe公司的WorldView-2卫星都顺利通过私募股权筹集资金完成研制与发射任务，并开始募集资金开发NGA的“增强视景”计划的卫星。

### 3.5.3　多渠道的数据来源及高质量的数据指标

以合并前为例，GeoEye公司主要数据源有IKONOS卫星、OrbView-2卫星和GeoEye-1卫星的卫星数据以及MJ Harden公司的航空激光雷达和光学数据，MJ Harden公司主要提供航空遥感数据和空间数据管理服务。DigitalGlobe 公司主要数据源有Quickbird卫星、WorldView-1卫星和WorldView-2卫星的卫星数据以及航空数据，该公司每年获取100个城市的航空图像，分辨率为0.3 m或更优。

遥感数据的指标和质量直接影响遥感图像的应用，所以商业遥感数据必然注重遥感图像的质量和指标。IKONOS卫星、Quickbird卫星、GeoEye-1卫星、WorldView-1卫星和WorldView-2卫星的相机全部由ITT公司制造。ITT公司于2004年收购柯达公司的遥感成像系统，继承了柯达遥感成像系统分辨率高、品质高的特点，保证了图像质量。

分辨率是争夺市场的重要指标。DigitalGlobe公司的WorldView-4卫星具有超高分辨率：全色分辨率为0.31 m，多光谱分辨率为1.24 m。GeoEye-1卫星则能以0.41 m的全色分辨率和1.65 m的多谱段分辨率搜集图像。

### 3.5.4 与遥感产业链中下游企业间相互协作

GeoEye公司和DigitalGlobe公司都十分重视与遥感产业链中下游企业间的相互协作。

#### 3.5.4.1 遥感图像与遥感软件的相互兼容

遥感图像处理软件的兼容有助于遥感数据的应用，GeoEye公司和DigitalGlobe公司都实现了遥感图像与遥感软件的相互兼容。

1999年，GeoEye公司与美国ERDAS公司签署协议，使用该公司开发的ERDAS软件对IKONOS遥感图像进行兼容处理，包括全色图像和多光谱图像。ERDAS软件具有先进的图像处理技术，友好、灵活的用户界面和操作方式，面向广阔应用领域的产品模块，服务于不同层次用户的模型开发工具以及高度的遥感图像处理和地理信息系统（RS/GIS）集成功能，可为遥感及相关应用领域的用户提供内容丰富并且功能强大的图像处理服务。ERDAS软件目前已经成为世界上占最大市场份额的专业遥感图像处理软件。

GeoEye公司与ERDAS公司的合作，提高了该公司对增值产品的处理能力，同时客户可根据需求进行特征提取、变化监测、地图更新以及三维可视化等。而ERDAS公司也已集成到GeoEye公司的CARTERRA分析产品软件中，与ERDAS公司的合作在GeoEye公司的客户拓展中起到了十分重要的作用，满足了多样化的市场需求。

DigitalGlobe公司则与美国环境系统研究所公司（ESRI公司）合作，使Quickbird卫星数据与ESRI软件包实现兼容。2002年，ESRI公司的PCI文件格式在支持Quickbird RPC模型的基础上，增加了严格成像模型，使处理的Quickbird影像正射校正精度非常高。

#### 3.5.4.2 与遥感应用、在线图像等企业加强合作

GeoEye公司和DigitalGlobe公司都属于商业卫星遥感数据提供商，他们把卫星图像分发给内容提供商，例如互联网接入运营商和手持设备提供商，使商业遥感卫星数据具有更广泛的商用前景。同时，这两家公司还通过提供航天航空交叉领域的图像和网络服务，来扩大其服务领域。

GeoEye公司在拓展商业遥感卫星数据方面的合作情况如下：与微软签署协议，为MSN虚拟地球提供高分辨遥感图像；2007年，与SPADAC公司合作，双方就预测分析和空间智能解决方案展开合作，为用户提供更优质的解决方案；2008年，与谷歌公司合作，发布互联网遥感图像。

DigitalGlobe公司的合作情况如下：与微软公司合作，向微软的虚拟地球业务提供高分辨率卫星图像和30 cm分辨率的航空摄影图像，正射镶嵌图像可通过微软必应地图和数字地球频道获得；通过与其合作方的数据代理商MapMart公司合作来提供正射航空图像；之前DigitalGlobe公司还收购了AirPhoto USA航空图像公司；2010年6月，与DeLorme公司合作，为手持GPS设备提供卫星图像，其中DeLorme公司是美国地图和GPS技术的服务供应商；与美国佳明公司合作，为该公司的BlueChart g2地图提供图像，用于制作详细

的最新地图；与诺基亚公司合作，在诺基亚的地图集及其门户网站中使用 DigitalGlobe 公司的图像，以提高其导航能力；与美国 Telogis 公司合作，向 Telogis 公司提供数据进行移动资源管理；2015 年，DigitalGlobe 公司与 MapBox 公司合作，发布其 APIMaps API，让开发者能够将 DigitalGlobe 公司的影像，与既有的地图-开放街景的道路网套叠，进行各项地理分析。2016 年 8 月，DigitalGlobe 公司与澳大利亚公共测绘机构（PSMA）就地理信息大数据平台（GBDX）项目签订了合作协议，旨在对澳洲的人居环境开展测绘，并为一个包含 1 500 万建筑物信息的新产品“Geoscape”提供快捷访问的方式。

#### 3.5.4.3 提供各种产品、服务和解决方案

GeoEye 公司主要的产品有 GeoMap 正射影像、GeoProfessional 地形校正影像和 GeoStereo 三维影像，并提供服务和解决方案。

DigitalGlobe 公司提供核心和正射两个系列的产品，核心产品分为基本影像、标准影像和立体影像 3 个层次，提供的正射系列产品分为浏览图像、投影图像和高精度图像 3 个层次。DigitalGlobe 公司建立了“数字地球”在线数据库，可以全天 24 h 向全球用户提供各种网络服务，包括数据查询订购、数据分发、数据集成和安全保障。

# 第 4 章　欧洲商业航天发展状况及发展模式

## 4.1　欧洲商业航天发射市场现状

欧洲航天工业在冷战后期由美、俄主导军事和民用航天的情况下，选择走商业航天之路，航天商业化曾一度是欧盟的最大特色。如德、法等国的航天局在发现航天技术产品和业务有望赢利的时候，便鼓励研究机构将这些业务转给航天公司进行商业性开发运营，进而逐步推向国内外市场。

1980 年，欧洲成立了阿里安航天公司，研制阿里安系列运载火箭，用于提供商业航天发射服务，向地球同步轨道发射各类应用卫星，这使美国政府意识到商业航天运输的价值。但是可以说，当时美国开展商业航天活动更多的是从政治和国家安全角度而不是从经济角度出发的。

1986 年，挑战者号航天飞机失事，里根总统宣布航天飞机退出商业卫星的发射；同时期美国的大力神、德尔它等火箭发射相继失败。美国商业航天飞机政策的变化以及一次性使用运载火箭研发和制造上的落后，给其他国家发展国际商业发射服务提供了机会。欧洲的阿里安系列运载火箭随后占领了航天发射市场近 60%的份额，美国一统天下的局面被彻底打破。

20 世纪 80 年代中后期至 21 世纪初，在挑战者号航天飞机失事，美国的大力神、德尔它火箭和欧洲的阿里安火箭相继失利后，国际商业发射服务市场上出现大量卫星排队等待发射的情况。美国无暇顾及国际用户的询价和咨询，而阿里安航天公司在任务失败的情况下，仍向用户承诺提供发射机会。这样，在挑战者号航天飞机失事后的半年多时间里，共有 17 颗卫星的发射任务从航天飞机转向了阿里安火箭。而阿里安航天公司在对失败任务进行近一年半的故障调查及改进设计等一系列工作后，到 1988 年已经相对稳定地占领了商业发射服务市场。1991 年至 1992 年间，阿里安火箭占据了 52%的国际市场份额（美国为 36%），1995 年，达到 57%（美国是 39%），成为国际市场的主流火箭。

21 世纪初，法国可谓是推行航天商业化最为成功的国家之一，特别是阿里安（Ariane）航天公司作为世界上第一家商业性的航天运输公司，曾在全球商业航天发射、卫星信号与数据服务等领域都占据了相当大的市场份额。2017 年，在全球航天发射中，欧洲空间局（ESA）以 9 次的发射次数排名第四，位列美国、俄罗斯、中国之后。

## 4.2　欧洲商业航天轨道运输政策

欧洲航天领域发展既注重独立性，也注重参与国际合作项目。欧洲商业航天最初发展大都局限于各类企业以竞争方式承接来自 ESA、欧洲特定国家的政府项目。金融危机爆发后，在欧洲各国财政状况普遍紧张的现实条件下，为了更好地实现航天资源在全球的高效配置，欧洲选择与美国、俄罗斯、日本等在国际空间站等项目上开展密切合作。

目前总体而言，欧洲商业航天的立法体系，以及航天私营企业的企业家精神、创新能力、国际竞争力等都明显弱于美国。对此，ESA 在 2016 年预算中，将总额增加了 18.4%，达到 52.5 亿欧元，增加预算主要用于伽利略导航卫星系统和哥白尼对地观测两大欧洲联合旗舰项目的实施。2015 年，欧洲发布了《欧洲航天政策》，进一步强调欧洲航天一体化发展，大力推进两大旗舰项目建设以及新一代运载火箭发展；ESA 向空客赛峰运载火箭公司授出阿里安-6 火箭研制合同，并计划于 2020 年首飞，逐步替代现役阿里安-5 大型火箭。值得注意的是，阿里安-6 火箭的预定目标要求比 SpaceX 公司的 5 400 万美元发射费用更便宜。

以英、法为代表的欧洲各国更加注重自身独立航天能力的发展。2014 年，英国政府发布了两项政策——《航天创新与发展战略(IGS) 行动计划 2014—2030》和《国家空间安全政策》（NSSP），进一步挖掘航天产业发展潜力。2015 年年底，英国发布了其首部《国家航天政策》，指出其未来目标是成为欧洲商业航天及有关空间领域技术的中心，并在世界航天领域中占据更大市场份额（即 2030 年前英国在全球航天市场中占 10%的份额）。

同年，英国还颁布了首个《国家太空环境与载人航天发展战略》，标志着英国向兼顾太空环境与载人航天研究领域拓展。法国总理瓦尔斯表示，法国甚至欧洲在空间探索、卫星及运载火箭等领域正处于严峻的国际竞争环境中。

面对全球竞争日益激烈的商业航天市场，特别是美国商业航天企业快速抢占该市场的严峻形势，法国大力推进阿里安-6 运载火箭和先进应用卫星的发展。法国政府于 2015 年专门颁布了《商业航天投资计划》，强调未来商业航天的投资重点将转向卫星，聚焦于新一代高分辨率光学对地观测卫星、高/低轨先进通信卫星等方向，同时计划利用欧洲投资银行贷款进行融资，全面提高法国在全球商业航天市场中的竞争力；2016 年年初，法国政府委派前航天部长评估 SpaceX 公司建立可重复使用火箭的可能性，为法国航天部门在未来几年的航天发展的方向选择和支持方式等方面提出建议，并研究法国航天部门如何在卫星星座领域更好地与 Google、Facebook、亚马逊、苹果等美国互联网巨头展开合作。

2016 年 10 月 26 日，欧盟委员会发布《欧洲航天战略》（以下简称《战略》），明确了推进航天应用、强化航天能力、确保航天自主、提升航天地位四大战略目标；突出强调推进欧洲航天一体化，加强军民航天活动统筹。《战略》的出台彰显欧洲提升航天国际地位和全球市场竞争力、增强国际话语权和影响力的决心。《战略》于2017年实施，旨在引领欧洲航天发展。

欧盟注重航天社会与经济效益。欧盟提出充分利用航天获取社会与经济效益的战略目标，强调充分利用航天数据和服务提供环境保护、交通安全等公共服务，满足欧洲公民日常需求，进而获取社会与经济效益，并将航天视为拉动经济、扩大就业、带动创新的重要产业和经济增长点。

欧盟由长期强调民用航天活动向统筹推进军民航天活动拓展。《战略》首次明确提出将推进军民两用的欧洲政府卫星通信系统建设、增强哥白尼、伽利略和 EGNOS 等欧盟民用航天计划的军事应用，与欧盟近期发布的《欧洲防务行动规划》中的说法一致。这表明，未来欧洲将在欧盟框架下统筹推进军民航天活动，提高民用系统的军事应用能力。

欧洲航天一体化呈现深化发展之势。当前，欧盟发展面临重大挑战和问题，英国脱欧公投通过，意大利脱欧持续升温。在欧洲一体化遭受巨大打击的背景下，欧盟出台《欧洲航天战略》，强调将进一步整合航天力量，深化泛欧航天合作，并与欧空局签署了“欧洲航天战略共同愿景目标联合声明”，提出进一步深化合作，彰显欧洲加速推进航天一体化的决心。

## 4.3 欧洲商业航天轨道运输机构管理模式

欧洲的航天事业从20世纪60年代开始起步，欧洲空间局各个成员国通过密切合作走出了一条“联合之路”。经过多年的发展，欧洲航天在发展规模、投资力度、科研领域、技术水平等方面均位居世界前列，在空间科学、运载火箭、对地观测和通信卫星等技术领域均达到世界领先水平，在国际航天界发挥着举足轻重的作用。欧洲商业航天轨道运输机构的管理是典型的合作型模式，主要有以下几个特征。

(1)“联席会议”形式的决策机制

ESA 的组织机构由部长级理事会与成员国干事会议组成，局长由理事会选举产生，任期 4 年。部长级理事会每 2～3 年召开 1 次，主要制定未来几年的航天政策目标和预算、决定重大航天计划立项、以及商讨其他的重大航天事务。不需要上升到部长级会议决策的问题由成员国干事会议决定，无论成员国大小与贡献多少，都拥有平等的投票权。

(2) 参与项目的“地理回报”原则

ESA 对参与项目的国家实行“地理回报”原则，按照这一原则，ESA 应保证任一成员国投资的 90%以工业合同的形式回报到该国领土内，主要是为了激励成员国投资公共航天项目的积极性，在一定程度上体现投资—回报的公平性。

(3)“强制性”与“自愿性”结合的筹资形式

对于重大航天项目总体方案和预算，ESA 主要采用“强制性活动”模式完成筹资，即根据每个成员国的国民生产总值计算投资份额，从而使航天项目有可靠的资金保障。此外，ESA 还提供一系列可选择的航天项目方案，这种情况下筹资模式则根据“自愿性”原则，即各成员国自主决定选择方案，确定他们希望参与投资的数额。

(4) 精诚合作与量力而行并举

由于历史渊源、地缘关系、世界政治经济格局变迁等原因，欧洲国家对通过“联合体”的形式增强其在世界上的地位和影响有着强烈的认同感，充分利用各国的航天资源和科研人才，实现成果共享，避免资源浪费，在国际航天大舞台上争夺一席之地。欧洲航天发展的合作意识还表现在对外开放式的合作态度上，国际合作是欧洲航天政策的中心内容之一。

求真务实是欧洲人的主要价值观，表现在航天发展上就是政治冲动不能代替能力约束。因此，欧洲航天政策与 ESA 抉择的重大航天项目都是他们能力所及的。

(5) 欧盟委员会的影响日益加强

ESA 与欧盟委员会保持着密切联系，通过 ESA/欧共体框架协议，两个团体在欧洲航天发展战略与欧洲航天政策上有着较好的交流与合作。从目前达成的共识看，将 ESA 合并到欧盟内部是一个长远目标，近期欧盟在弱化 ESA 作为合同签署机构的职能，让其只负责具体项目的管理。

**表 4-1 合作型管理模式**

| | |
|---|---|
| 合作型管理模式 | 谋取政治、军事国际影响力；较强的航天工业发展经济基础；技术创新推动航天技术发展；欧洲观念催生航天合作精神；欧洲文化奠定航天求实发展的道路 |
| 组织系统 | ESA，欧盟支持，其他参与机构 |
| 管理体制 | 成员国联合形式下的 ESA 管理体制 |
| 运行机制 | 规范、系统的运行机制 |
| 影响力 | 具有技术先进、重要的产业影响力 |
| 科研技术支持体系 | 雄厚的科技基础，航天技术具有世界先进水平 |
| 资源配置 | 较强的航天投资能力，世界一流航天企业、研究机构和较强的航天工程实施能力 |
| 经济效益 | 取得了良好的经济效益 |
| 社会效果 | 非常显著 |

## 4.4 欧洲商业卫星公司的运营模式

欧洲航天工业是一个各国分工协作的复杂联合体系，通过欧洲空间局（ESA）使相互竞争的各个国家形成统一的发展目标，同时在业务的开展上又具有相对的独立性和灵活性。

(1) 产业价值链一体化

欧洲商业卫星公司产业价值链一体化主要体现在卫星制造商之间的合作上。产业价值链一体化趋势包括横向一体化趋势和纵向一体化趋势。

欧洲空客防务与航天（ADS）公司与泰雷兹阿莱尼亚航天（TAS）公司联合进行阿尔法（Alphabus）和新星下一代（NEOSAT）平台开发，属于横向一体化发展运营模式。横向一体化是指开展与企业当前业务相竞争或者相互补充的活动。横向一体化趋势包括卫星制造商与其他卫星制造商合作、共同开发产品和市场。

ADS 公司收购法国斯波特（SPOT）公司、卫星通信服务供应商 Vizada 等，逐步由制造商向制造、运营商转型，属于纵向一体化发展模式。

纵向一体化又分为前向一体化和后向一体化，前向一体化指企业活动向产业价值链的下游延伸，后向一体化指企业活动向产业价值链的上游延伸。同样以卫星制造商为例，前向一体化体现在卫星制造商与商业运营商的紧密连接，在项目产生之初就进行共同的需求定义。后向一体化体现在卫星制造商对分系统、单机、部组件供应商的强化管理，以及邀请供应商“自下而上”参与产品设计等多种模式，例如大型卫星平台 NEOSAT 的论证模式。

(2) 合作方式灵活化

在产业价值链一体化的大背景下，企业间的合作已成为必然趋势，即使是全球一流运营商、制造商，也不是孤军奋战，不懂得借助外力的企业将被市场淘汰。为取得整体优势，国外航天公司商业模式不断创新，合作方式越来越灵活，只要有利于企业利益最大化目标，企业与企业之间就乐于尝试全新的合作模式，将不可能变为可能。

首先是合作的对象灵活，仍然以卫星制造商为例，合作对象遍及产业价值链各个环节，包括卫星供应商、卫星运营商、卫星制造商、火箭制造商、政府、融资机构等。其次是合作的目的灵活，例如同样是通信卫星制造商与制造商合作，目的可以是共同开发产品，也可以是共同开发市场。通信卫星制造商与运营商合作，其目的可以是了解前端、开发定制化产品，也可以是为运营商解决终端市场开拓、频率轨位资源、项目融资问题，还可以是与本地运营商合作，共同开拓国际市场。合作双方通过整合资源、优势互补，取得整体优势，实现合作价值。最后是合作的手段灵活。合作企业可以针对某一特定项目、区域市场开展合作，也可建立长期战略伙伴关系，开展全面合作。具体方式主要包括签署企业间协议、组建合资公司和成立企业战略联盟等。

企业应根据自身具体情况，选择战略合作伙伴和项目合作伙伴，同时采用适当的合作手段，以实现合作目的。

（3）产品研发开放化

近年来，国外航天公司在产品研发环节采用的创新商业模式，使产品设计、研发过程呈现出开放化趋势。在卫星制造领域，主要体现在产品需求定义开放化、上下游参与度开放化、供应链管理开放化。

欧洲 NEOSAT 平台采用“自下而上”的论证方式，从论证之初就邀请到众多部组件供应商共同参与，在分系统、部组件级和单机级逐级保证质量并实现价格最优，并且最大限度地促进了技术创新。全电推进卫星平台 Electra 体现出极高的运营商参与程度，SES 作为平台的总承制方，组织欧洲空间局（ESA）及 OHB 两家卫星制造商参与研制。

供应链管理开放化主要体现在越来越多的卫星制造商打破区域性、本土性、大企业限制，采用充分竞争、全球采购、培植小企业的形式选取产品供应商，实现卫星产品的高质低价。

德国 OHB 公司提出低成本思路，通过竞价模式放弃本土供应商，选择美国推进系统供应商，以更低的报价获得了 14 颗伽利略卫星订单。NEOSAT 平台鼓励创新型中小企业的广泛参与，避免一家或两家供应商垄断市场。

（4）增值服务专业化

为了提高企业竞争力，获取市场份额，国外航天公司为客户提供越来越专业化的增值服务，形成对用户群体的有效吸引。增值服务专业化也是企业活动向产业链下游延伸的一个体现。

仍以卫星制造商为例，除提供高质低价的卫星产品外，向用户提供基于卫星的增值服务、解决客户面临的问题越来越成为卫星制造商重要的商业竞争力。国外卫星制造商已经意识到增值服务的重要性，许多大型卫星制造商在价值链上都有纵向结合的下游，甚至专设卫星服务部门，具备向用户提供交付集成服务和打包解决方案的能力，体现出专业化趋势。

卖方协助融资是较为传统的增值服务模式，随着市场发展也出现了多种新的形式。比较常规的融资方式为依托出口信贷机构，申请出口买方信贷、出口卖方信贷、混合信贷以及配套的信贷保险。复杂一些的如成立融资租赁公司开展针对用户的融资租赁，实现用“融物”代替“融资”，从而在资金的使用上更加灵活。

欧洲的卫星制造商均与出口信贷机构建立了长期合作关系，提供融资服务的融资利率甚至低于我国政府提供的优惠出口买方信贷利率。一些制造商还具备提供融资租赁的能力。

频率轨位增值服务，在空间频率资源日益稀缺的现状下，具有更加重要的意义。主要合作模式包括频率轨位资源打包卫星出售、频率轨位资源换转发器、频率轨位资源作价入股、提供频率轨位技术支持和咨询服务等，核心是解决客户缺乏适用频率轨位的问题，坚定客户采购卫星的决心。

# 第5章　俄罗斯、日本、印度等国商业航天发展状况

## 5.1　俄罗斯

苏联作为世界上第一个把航天员送入太空的国家，曾研制了诸多“明星”运载火箭，如联盟号、质子号、天顶号等。早在1983年，苏联就意图通过质子号火箭进入发射服务市场，但限于当时的国际关系而暂时作罢。1987年5月，苏联成立了航天商业管理局(Glavcosmos)，向世界宣布开放其运载火箭，提供商业发射服务。

苏联解体后，从20世纪90年代开始，俄罗斯为了维持其航天强国的地位，把过剩的弹道导弹改为运载火箭，用以发射商业载荷，利用其技术优势开始提供商业发射服务。从1995年开始，俄罗斯先后与几家西方公司合作，共同销售运载火箭，开始进入国际商业发射服务市场，获得了丰厚利润。

质子号运载火箭是俄罗斯首批进入商业发射市场的运载火箭，由国际发射服务（ILS）公司运营。该公司由俄罗斯赫鲁尼切夫国家航天中心、能源火箭航天集团与美国洛·马公司于1995年合作成立。1996年4月，质子号火箭在拜科努尔发射场进行了首次商业发射，成功地将一颗卫星送入地球同步转移轨道。

1996年，俄罗斯和欧空局成立了斯达西姆公司，正式向国际商业发射市场销售联盟号运载火箭。

俄罗斯另一主力运载火箭是天顶号。1995年，波音商业空间公司、挪威造船公司、俄罗斯能源火箭航天集团和乌克兰南方科研生产联合体共同组建了海上发射（Sea Launch）公司，研制海上发射

装置，从海上发射卫星。天顶－3SL 火箭由该公司负责管理，自 1999 年正式投入商业运营。

俄罗斯火箭以其低廉的发射价格受到广大用户的青睐。在商业运营模式上，通过国际合作，特别是同欧美国家合作创建股份制公司，突破了以往的发射局限，拓宽了俄罗斯运载火箭的使用范围，在商业发射服务市场上占据了重要位置。

但是，当前仅就商业航天来说，俄罗斯整体发展并不如意。在 2016 年 5 月的俄罗斯工业和贸易部会议上，主管军工的俄罗斯副总理罗戈津坦言，在航天领域俄罗斯赶不上美国，并指出其如今在航天领域的劳动生产率仅为美国的 1/9。

在发射领域，俄罗斯主力中型火箭发射市场正面临多重挑战。虽然，目前俄罗斯在国际商业发射市场上仍占有不少份额，2017 年在全球航天发射中，俄罗斯以 20 次（包括 1 次发射失败或部分失败）的发射次数排名仅次于美国，占全球发射次数的比例达到 22％。

但是，从火箭竞争能力和国际政治经济大环境来看，俄罗斯这种繁荣局面正受到挑战。美国 SpaceX 公司生产的猎鹰－9 火箭标准发射费宣称是全球价格最低的发射费用，倒逼了俄罗斯主力中型质子号火箭发射价格从 1 亿美元降到 7 000 万美元以内。

同时，中国、日本、印度等国竞相研制具有成本优势的新型运载火箭，并将造价 1 亿美元以下的运载火箭投入全球航天发射市场，因此俄罗斯在全球火箭发射领域的竞争压力更大，利润空间也将会被进一步压缩。据悉，当前俄罗斯在商业航天发射市场上的实际利润率可能已经低于 10％。此外，随着美国自主研制的货运飞船和载人飞船的相继问世，以及 RD－180 替代型发动机的出现，在这些领域俄罗斯也面临挑战。再加上美国和欧洲在乌克兰危机后对俄罗斯的多方制裁，经济和政治的压力将进一步影响俄罗斯在全球商业发射领域的竞争优势。

在卫星制造和运营领域，由于俄罗斯的电子技术基础相对薄弱，因此其在卫星平台和卫星通信、航天设备制造等方面的能力与美国差距较大。这些领域恰恰在商用航天市场上利润率最高，如通信卫星的一个转发器年租赁费用高达 1 亿美元，再加上大概几亿美元的发射费用，一年内实现回本并盈利也实属正常；如果通信卫星在轨使用 10 到 15 年，利润率将超过 10 倍。

但是，当前国际卫星市场的这些领域主要被美国、欧洲的少数几家公司所垄断，俄罗斯试图在全球卫星制造运营等领域与美国同台较量的难度也较大。

2016 年 4 月，俄罗斯国家航天集团公司对外公布，计划组建统一的商业发射服务运营商，统一协调俄罗斯火箭生产商的各型号产品在全球发射服务市场上的营销活动。此举在俄罗斯航天改革的大背景下，尤其是在近年全球发射服务市场强劲竞争者不断涌现的情况下，将有助于俄罗斯国家航天集团公司更为准确地与重要服务客户建立紧密关系，对不同客户针对性地施行更灵活的营销政策，确保俄罗斯在全球商业航天发射市场中的地位不被动摇。

## 5.2 日本

1986 年，日本在美国华盛顿正式设立了发射业务办事处，为其未来运载火箭投入商业市场做准备。20 世纪 90 年代初，日本在空间开发领域取得了显著成就。1994 年年初，采用液氢/液氧发动机的 H－2 火箭发射试验成功。由于 H－2 火箭的研制没有利用美国的技术，不受美国商业发射禁令的约束，日本计划用该火箭进入商业市场发射地球同步轨道卫星。但因其造价和发射费用太高，在国际商业发射市场上缺乏竞争力，可靠性也存在问题，因此为满足 21 世纪初航天多样化的发射需求，增强在航天发射市场的竞争力，日本启动了H－2A 计划，并于 1995 年开始研制工作。为在国际航天发射市场占有一席之地，日本把火箭的经济性和可靠性放在最重要的地位。

经过 20 次的飞行，2012 年 5 月，日本宇宙航空研究开发机构

(JAXA）和三菱重工公司在种子岛航天发射中心使用 H－2A 运载火箭完成第 21 次发射，成功地将 4 颗卫星送入太空，其中包括韩国多用途卫星（Kompsat－3)。由此日本进入了商业发射服务市场。

在 21 世纪之前，日本航天工业基本走的是政府投资、政府消费路线。这种发展方式一方面导致没有收益，另一方面由于卫星发射数量有限和任务单一等，航天科研人才严重流失，生产工艺难以得到及时更新，大大限制了航天工业的发展。

21 世纪以来，日本为做大做强航天工业，开始积极投身商业航天，持续推进航天政策改革，并将增加商业航天任务发射频率及扩展商业航天市场份额视为提升全球航天竞争力和区域领导地位的重要渠道，并计划在今后 10 年争取每年接到 1 个以上国外或商业公司的卫星发射订单。

目前，日本在商业航天领域已取得了一系列阶段性成果。2012 年，日本曾帮助韩国航空宇宙研究院发射了阿里郎 3 号遥感卫星。2015 年，日本发布新版《航天基本计划》和《2024 年航天发展路线图》修订案，进一步明确了航天工业能力发展目标。2017 年 6 月，日本宇宙航空研究开发机构（JAXA）表示，力争到 2030 年左右，与美国联手，实现日本航天员的探月之行。

日本自主研制的、代表日本液体运载火箭最高水平的 H－2A 运载火箭（如图 5－1 所示)，将加拿大电信卫星公司的 Telstar12V 通信卫星成功送入地球同步转移轨道，这也是日本国产火箭 H－2A 首次参加商业航天发射任务并取得成功，对于日本进军全球商业航天发射市场具有里程碑意义。H－2A 火箭发射成本在 9 000 万美元左右，其在国际市场中的竞争力并不强。为此，日本着手研制 H－3 火箭，进一步降低发射成本，预计降至约 4 300 万美元，届时其商业航天发射的国际竞争力将大幅提升。在小型运载火箭领域，艾普西龙号火箭是日本固体运载火箭领域的典型代表。

图 5 - 1　H - 2A 运载火箭

## 5.3　印度

印度航天事业起步于 20 世纪 60 年代，经历了 70 年代的试验阶段、80 年代的成熟运营阶段后，发展到今天运载火箭、月球探测、载人航天、火星探测、卫星应用和空间科学等航天各领域全面发展阶段，其在全球航天舞台中的地位不断提高。历来，印度航天发展都很重视商业化应用，包括为其他国家航天器提供商业发射服务以及各类卫星商业化应用。

1995 年，印度明确了其在航天领域的主要任务是走出国门，参与国际合作。1999 年 5 月，其极轨卫星运载火箭（PSLV）成功地将本国的一颗遥感卫星以及韩国、德国各一颗小卫星送入预定轨道，如图 5 - 2 所示。这是印度火箭首次以一箭多星的方式发射，也是印度首次进行商业卫星发射。

印度已有 500 多家大、中、小型企业承担了印度航天项目的研

图 5－2　极轨卫星运载火箭

制生产工作。在航天发射领域，印度为实现发射技术的本土化，曾推出了多个运载火箭项目，部分已开始为其他国家提供发射服务。

在深空探测领域，2013 年 11 月，印度发射了曼加里安号火星探测器，并于 2014 年 9 月成功进入火星轨道，标志着印度成为继美国、俄罗斯和欧洲之后第四个能发射火星探测器的国家，第一个实现火星探测的亚洲国家。2014 年，GSLV－MK3 火箭搭载了“载人舱大气再入试验”飞船，开展试验性质浓厚的飞行试验，体现了其对探索宇宙的极大渴望。

2016 年 5 月，印度成功发射了一艘用于技术验证的小型航天运载器，这是印度可重复使用飞行器自主研制计划的首次发射试验，对于未来印度航天飞机研制目标的实现具有重要意义。据悉，印度此次发射的飞行器研制成本仅为 1 330 万美元，该项目一旦成熟其商业潜力将十分可观。

2017 年，印度的发射次数虽然并不多，但是亮点颇多，首先是 GSLV－MK3 正式首射成功，这是他们的首款“大型”运载火箭，对于印度意义重大。印度的航天一直是稳扎稳打，尤其是印度一直对载人航天存有“野心”，所以 GSLV－MK3 对印度载人航天更是意义非凡。另外的亮点是 PSLV 的 104 星任务，该任务将一箭多星的数量优势发挥到极致，但这次发射的实质意义并不大，首先 104 星中有 88 颗是 Dove 立方星，而且只是在相同轨道面依序撒布，和以往的一箭多星相比更多的只是数量优势。但是印度在商业发射领域的低价策略却十分值得关注，其发射报价甚至低于著名的低价发射承包商 SpaceX 公司，加之印度一直以来宽松的政治环境，在国际商业发射领域可谓如鱼得水。印度在 2017 年共 5 次发射，其中 4 次成功，1 次失败。

# 第6章　国内外商业航天发射模式及市场前景分析

## 6.1　国内外主要运载火箭商业发射模式分析

### 6.1.1　猎鹰-9运载火箭

#### 6.1.1.1　低成本发射模式冲击全球商业航天发射市场

猎鹰-9火箭依托于SpaceX公司低成本发射模式，将持续保持较高的市场活跃度。

2016年4月，SpaceX公司成功进行猎鹰-9（Falcon-9）火箭一级的海上平台回收试验，验证了可重复使用运载火箭关键技术，在探索大幅降低航天发射成本的道路上迈出了重要一步。自2013年以来，该公司以0.56亿～0.62亿美元的低地球轨道（LEO）载荷单次发射价格进入国际商业发射市场，远低于传统发射服务商1亿～2亿美元的价格，打破了原有由欧洲阿里安航天公司、俄罗斯国际发射服务（ILS）公司形成的垄断局面，成为国际商业航天发射市场的一匹强劲黑马。

美国猎鹰-9火箭进入商业发射服务市场后，全球商业发射服务市场的格局不断变化。猎鹰-9火箭以5 500万美元的高轨卫星发射价格对主流火箭的发射服务造成了巨大冲击。同时，美国政府在2013年对泰阿空间公司的调查结论造成我国的长征火箭无法再发射欧制卫星。这为猎鹰-9火箭顺利争夺欧制卫星的订单提供了有力的政策支持。在其直接影响下，猎鹰-9火箭商业发射订单和发射频率继续保持上升趋势。

截至 2015 年年底，猎鹰火箭的订单储备已超过 70 亿美元，包含 60 次以上的发射任务，猎鹰-9 火箭在发射服务市场的业绩表现如图 6－1 所示。由图 6－1 可知，猎鹰-9 火箭的发射次数呈逐年上升的趋势，2015 年，发射次数的上升幅度较往年有所变缓，但是不会改变 SpaceX 公司对猎鹰-9 火箭低成本、高密度发射的定位和发射密度稳步上升的趋势。

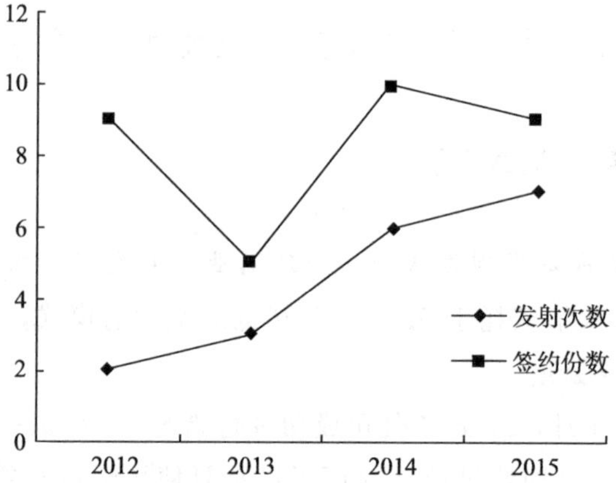


图 6－1　猎鹰-9 火箭在发射服务市场的业绩表现

资料来源：Aerospace China。

SpaceX 公司对外宣传的猎鹰-9 火箭每次发射价格约为 6 100 万美元，而阿里安-5 火箭供较小型卫星使用的整流罩下部位置收费为 9 000 万美元。欧洲的目标是把阿里安 64 型的发射费用控制在9 100 万欧元（约 1 亿美元）。若按成本价出售，那么该型号以一箭双星方式发射时，每颗卫星的发射价格大约为 5 000 万美元。宇宙神-5 火箭在 2015 年参加天鹅座货运飞船发射任务时，其价格从 1.5 亿美元降至约 1 亿美元。因此，猎鹰-9 火箭实质上已经造成了全球发射服务的降价。

#### 6.1.1.2　扎实用户基础为开拓业务提供保障

猎鹰-9 火箭（如图 6－2 所示）低价营销为商业发射服务市场

带来的影响随着其火箭复用技术的推进可能将继续发酵，目前已引起世界广泛关注。除此之外，新卫星业务促进了大宗发射服务订单的签署，低成本小型运载火箭进入发射服务市场，信贷融资对国际发射服务竞争的影响力继续凸显，后续低成本火箭开发等都是国际商业发射市场值得关注的领域。

图 6-2　猎鹰-9 火箭

猎鹰-9 火箭的用户和任务具有鲜明的多样性，扎实的用户基础为开拓广阔的业务提供了良好的保障。猎鹰-9 火箭多次参加国际空间站货运任务、空间科学卫星发射任务、商业用户的低地球轨道通信卫星发射任务、商业用户的高轨通信卫星发射任务等。

### 6.1.2　阿里安-5 运载火箭

阿里安-5 运载火箭（如图 6-3 所示）是阿里安航天公司商业航天的主要载体，承担着阿里安航天公司大量的发射任务。2015 年，阿里安航天公司凭借 37 次商业发射订单（包括 12 次阿里安-5 火箭、22 次俄制联盟号火箭和 3 次织女星火箭发射任务）远远超过了其他商业发射服务商。阿里安航天公司于 2016 年圆满完成 11 次发射任务，并全部取得成功，其发射记录如表 6－1 所示，销售额超过 14 亿欧元。2017 年，阿里安航天公司的 11 次发射任务中有 6 次采用阿里安－5 火箭（均为一箭双星），2 次采用联盟号火箭，3 次采用织女星火箭（含 1 次一箭双星），共将 20 颗卫星送入轨道，其发射记录如表 6－2 所示。这些发射共计创收 13 亿欧元，公司全年还新拿到了 19 份发射合同，包括首次拿到织女星－C 和阿里安－6 火箭的订单。

图 6－3 阿里安－5 运载火箭

**表 6-1　阿里安航天公司在 2016 年的发射记录**

| 日期 | 火箭 | 有效载荷 | 类型 |
|---|---|---|---|
| 1 月 27 日 | 阿里安-5ECA | Intelsat-29e | 商业通信卫星 |
| 3 月 9 日 | 阿里安-5 | 欧洲 Eutelsat65WestA | 通信卫星 |
| 4 月 25 日 | 联盟号 | 欧洲 Sentinel-1B 和 4 颗微小卫星 | 对地观测卫星 |
| 5 月 24 日 | 联盟号 | 欧洲 2 颗伽利略卫星 | 导航卫星 |
| 6 月 18 日 | 阿里安-5ECA | 美国回声星-18 和印尼人民银行卫星 | 通信卫星 |
| 8 月 25 日 | 阿里安-5ECA | 美国 Intelsat-33e、36 | 通信卫星 |
| 9 月 16 日 | 织女星 | 秘鲁卫星-1 和天空卫星-4～7 | 对地观测卫星 |
| 10 月 6 日 | 阿里安-5 | 欧洲 SkyMusterII 和 GSAT-18 | 通信卫星 |
| 11 月 17 日 | 阿里安-5ECS | 欧洲 4 颗伽利略卫星 | 导航卫星 |
| 12 月 5 日 | 织女星 | 土耳其 Göktürk1A | 对地观测卫星 |
| 12 月 21 日 | 阿里安-5ECA | 日本的 JCSat-15 和巴西的 Star-D1 | 商业通信卫星 |

资料来源：ESA。

**表 6-2　阿里安航天公司在 2017 年的发射记录**

| 日期 | 火箭 | 有效载荷 | 类型 |
|---|---|---|---|
| 1 月 28 日 | 联盟号 | Hispasat 36W-1 | 商业通信卫星 |
| 2 月 15 日 | 阿里安-5 | Sky Brasil 1，Telkom 3S | 商业通信卫星 |
| 3 月 7 日 | 织女星 | 哨兵-2B | 环境监测卫星 |
| 5 月 5 日 | 阿里安-5 | SGDC，Koreasat-7 | 通信卫星 |
| 5 月 18 日 | 联盟号 | SES-15 | 通信卫星 |
| 6 月 2 日 | 阿里安-5 | ViaSat-2，Eutelsat 172B | 通信卫星 |
| 6 月 29 日 | 阿里安-5 | HellasSat 3，GSAT-17 | 通信卫星 |
| 8 月 2 日 | 织女星 | OPTSAT 3000，VENμS | 对地观测卫星 |
| 9 月 30 日 | 阿里安-5 | Intelsat 37e 和 BSAT 4a | 通信卫星 |
| 11 月 8 日 | 织女星 | Mohammed VI A | 对地观测卫星 |
| 12 月 13 日 | 阿里安-5 | FOC FM-15，16，17，18 | 导航卫星 |

资料来源：ESA。

2018 年 1 月 26 日，阿里安-5 运载火箭在发射两颗通信卫星时，在二级火箭点火数秒后与地面控制中心失去通信联系，而且卫星运营商也没有收到卫星的信号。外界一度认为发射失败，不过，好在有惊无险。最后，地面控制中心确认两颗卫星成功入轨，但是卫星轨道比预定的轨道低 2 000 km。

2018 年 3 月 10 日，阿里安使用联盟号火箭发射 4 颗 O3b 通信卫星。

2018 年 4 月 6 日，阿里安-5 运载火箭发射 DSN 1、Hylas 4 通信卫星。

### 6.1.3　宇宙神-5 运载火箭

洛·马公司与其宇宙神-5 运载火箭正开始稳步地向商业领域进军。

宇宙神-5 运载火箭，是洛·马公司研制的不可重复使用的运载火箭（现由洛·马公司与波音公司研制，隶属联合发射联盟公司），航空喷气公司则负责宇宙神-5 运载火箭固态辅助火箭的研发及制造。第一节的由液态氧及煤油为燃料，是于阿拉巴马州的迪凯特建造，引擎为俄罗斯的 RD-180 火箭引擎，第二节则是以液态氧及液态氢为燃料的半人马火箭，某些衍生型装有捆绑式固态辅助火箭以增加酬载量，辅助火箭及第一节和第二节构成宇宙神-5 运载火箭，宇宙神-5 运载火箭发射记录如表 6-3 所示。

**表 6-3　宇宙神-5 运载火箭发射记录**

| 发射时间 | 发射载荷 | 发射地点 | 运载工具 | 分离轨道 | 发射状态 |
|---|---|---|---|---|---|
| 2017 年 04 月 18 日 | 天鹅座 08 货运飞船 | 卡纳维拉尔角空军基地 | 宇宙神-5 运载火箭 | 近地轨道 | 发射成功 |
| 2017 年 03 月 02 日 | NROL-79 军用侦察卫星 | 范登堡空军基地 | 宇宙神-5 运载火箭 | 太阳同步轨道 | 发射成功 |
| 2017 年 01 月 21 日 | SBIRS-GEO3 红外预警卫星 | 卡纳维拉尔角空军基地 | 宇宙神-5 运载火箭 | 地球同步转移轨道 | 发射成功 |

**续表**

| 发射时间 | 发射载荷 | 发射地点 | 运载工具 | 分离轨道 | 发射状态 |
|---|---|---|---|---|---|
| 2016 年 12 月 19 日 | EchoStar19 通信卫星 | 卡纳维拉尔角空军基地 | 宇宙神-5 运载火箭 | 地球同步转移轨道 | 发射成功 |
| 2016 年 11 月 20 日 | GOES-R 气象卫星 | 卡纳维拉尔角空军基地 | 宇宙神-5 运载火箭 | 地球同步转移轨道 | 发射成功 |
| 2016 年 11 月 12 日 | WorldView-4 商业遥感卫星 | 范登堡空军基地 | 宇宙神-5 运载火箭 | 太阳同步轨道 | 发射成功 |
| 2016 年 09 月 09 日 | OSIRIS-REx 小行星取样探测器 | 卡纳维拉尔角空军基地 | 宇宙神-5 运载火箭 | 未知 | 发射成功 |
| 2016 年 07 月 28 日 | NROL-61 军用中继卫星 | 卡纳维拉尔角空军基地 | 宇宙神-5 运载火箭 | 地球同步转移轨道 | 发射成功 |
| 2016 年 06 月 24 日 | MUOS-5 军用通信卫星 | 卡纳维拉尔角空军基地 | 宇宙神-5 运载火箭 | 地球同步转移轨道 | 发射成功 |
| 2016 年 03 月 23 日 | 天鹅座 06 货运飞船 | 卡纳维拉尔角空军基地 | 宇宙神-5 运载火箭 | 近地轨道 | 发射成功 |

资料来源：市场调研。

2016 年，洛·马公司研制的宇宙神-5（Atlas-5）火箭共进行 8 次发射，均取得成功。联合发射联盟公司（ULA）完成其所有的发射运营任务。

2016 年，洛·马公司为美国回声星公司（ECHOSTAR）发射了回声星-19 通信卫星，成功完成了一次商业发射，此次发射的成功对全球新一代卫星宽带网络意义重大。洛·马公司未来还将通过联合发射联盟公司，改进宇宙神-5 火箭发射价格与服务，从而在完成美国军方发射任务的同时，进一步争取商业发射订单。

洛·马公司利用改进后的 A2100、LM-900 卫星平台为国际用户研制商业卫星，包括日本太空完美日星公司、阿拉伯卫星公司、沙特王国阿卜杜勒-阿齐兹国王科技城、美国数字地球公司等。可以看出，中型、大型商业卫星研制与交付将成为未来洛·马公司在卫星领域发展的重要方向，同时提高技术、市场与系统这三方面能力，从而占领高端市场。

与此同时，洛·马公司利用超期军用卫星服务美国南极科考项目，与小型、专业化的天基遥感数据处理公司联合开发商业市场，以上都体现了洛·马公司的航天商业化方向与重心。

### 6.1.4 长征系列运载火箭

#### 6.1.4.1 长征五号运载火箭

2016 年 11 月 3 日，长征五号运载火箭在海南文昌发射场点火升空，准确地将有效载荷送入预定轨道，首次任务取得圆满成功，使我国运载火箭步入世界前列，这是我国从航天大国迈向航天强国的重要支撑和显著标志之一。

长征五号运载火箭是目前为止我国发射的承载能力最强的火箭，其技术水平可比肩目前俄罗斯、欧洲、日本的主流运载火箭，这标志着我国航天技术取得了重大进展。长征五号运载火箭是我国为满足航天进一步发展的需要，研制的一次性大型低温液体捆绑式运载火箭，也是我国新一代运载火箭中芯级直径为 5 m 的火箭。从技术指标看，其近地轨道运载能力不仅超过了欧空局阿里安-5 火箭和日本 H-IIA/B 火箭，也超过了美国宇宙神-5 火箭和俄罗斯的安加拉火箭。长征五号运载火箭将承载我国天宫空间站、北斗导航系统、探月三期工程及其他深空探测计划的实施重任，采用模块化、通用化、系列化设计，近地轨道运载能力为 10～25 t，地球同步转移轨道运载能力为 6～14 t。

长征五号运载火箭发射商业价值凸显，相关板块将从中受益。2016 年是我国航天史上最密集发射年，全年行业发射次数首次突破 20 次，其中有 15 次为重大专项任务或首飞任务，神州 11 号载人飞船、天宫二号空间实验室、长征七号、长征五号等重大专项任务均已取得圆满成功，表明我国已具备强大的航天实力，目前我国航天产品的研发与生产任务主要由中国航天科技集团有限公司承担。

#### 6.1.4.2　长征七号运载火箭

2016年6月25日，我国新一代中型火箭长征七号运载火箭完成发射，为后续载人航天工程推进奠定坚实的基础。该火箭具有近地轨道13.5 t、700 km太阳同步轨道5.5 t的运载能力，采用无毒、无污染的推进剂。

长征七号运载火箭将代表我国参与国际商业发射市场的角逐，它还是未来我国的主力中型运载火箭，将承担未来我国70%以上的发射任务。目前，我国火箭商业发射还处于爬坡阶段，长征七号运载火箭的未来商业发射前景值得探讨和关注。

在火箭发射报价上，我国现役的长征系列火箭处于有利地位。采用常温推进技术的长征系列火箭报价竞争优势非常明显。以长征三号乙火箭为例，其地球同步转移轨道最大运力是5.5 t，报价低于6 000万美元，并且还有很大的操纵空间，而发射同等质量的卫星，俄罗斯的质子号火箭报价为7 000万美元以上，欧空局的阿里安-5火箭报价为8 000万美元左右。

一般情况下，低温推进火箭的价格高于常温火箭。长征七号火箭是我国首款采用低温推进技术的中型火箭，在未来发展过程中，通过组合不同助推器和上面级，将替代现役长征二号、长征三号和长征四号等中型火箭，成为未来长征系列火箭的主力火箭。既然是主力火箭，价格上涨之后的长征七号火箭必须认真对待国际上日趋激烈的商业发射竞争。

#### 6.1.4.3　长征十一号运载火箭

长征十一号运载火箭是我国新一代长征系列火箭中的一员，它于2015年9月25日圆满完成首飞，将4颗小卫星准确地送入预定轨道。作为一种经过飞行验证的、专门面向中小型卫星发射服务的运载火箭，在小卫星产业蓬勃发展的背景下，长征十一号火箭可谓生逢其时。

经过市场调研和策划，长征十一号火箭正式亮相在2016年5月

30 日～6 月 3 日召开的国际 4S 小卫星大会上，完成了在国际商业发射服务市场的首秀。

长征十一号火箭作为一种现时可用的小卫星专用小型运载火箭，具有任务目标专注、发射时间确定、目标轨道可定制等优势，其服务能力更强，任务风险更小。长征十一号火箭在首飞时已圆满完成了 3 颗立方体卫星的发射，成功验证了相关的发射服务能力，并且已具备为立方体卫星客户提供一箭多星集群发射的能力，能够较好地满足市场需求。

## 6.1.5 质子号运载火箭

质子号系列运载火箭是苏联研制的大型运载火箭系列的名称。自 20 世纪 60 年代中期以来，质子号火箭一直是苏联及其航天力量的继承者俄罗斯在发射大型航天器时的主要运载工具。由于 N－1 探月火箭的研制失败和对能源号运载火箭的弃用，质子号火箭实际上成为俄罗斯发射能力最强的运载火箭。

### 6.1.5.1 质子－K/DM 组级运载火箭

质子－K/DM 组级运载火箭（俄语：Протóн－К/РБДМ）是苏联研制的质子号系列运载火箭中的一种四级型号。

质子－K/DM 组级的主要特点是使用了被称为 DM 组级的上面级，这种上面级使苏联人第一次获得了将人造卫星送入地球静止轨道的能力。DM 组级是在原有的上面级 D 组级的基础上开发的，于 1974 年第一次投入使用。

质子－K/DM 组级火箭于 1974 年 3 月 26 日第一次发射，将宇宙－637 卫星（苏联的第一颗地球同步轨道通信卫星）送入轨道。该火箭于 1990 年停止使用，共发射了 66 次（其中 6 次失败）。

DM 组级又发展出 2 个型号：DM2 组级（1982 年）和 DM5 组级（1997 年），所构成的火箭可以分别称为质子－K/DM2 组级（8K82K/11S861）和质子－K/DM5 组级（8K82K/17S40）。

#### 6.1.5.2 质子-K/D 组级运载火箭

质子-K/D组级运载火箭（俄语：Протóн-K/РБД）是苏联质子号运载火箭家族中的第一种四级型号。这种火箭及其改型是苏联发射大型深空探测器的主要运载工具。

质子-K/D组级的设计工作始于美国、苏联登月竞赛时期，其最初目的就是向月球发射探测器和载人宇宙飞船。该火箭的主要设计思想是，在三级型质子号（质子-K）火箭基础上加入一个上面级。该上面级称为D组级，是质子号火箭使用的第一种上面级，但它本来是为科罗廖夫的N-1火箭配套的登月飞船设计的。D组级的特点是没有导航设备，其导航功能必须由载荷舱内的航天器提供。

基础型质子-K/D组级于1975年停止使用，其间共发射39次，失败15次，发射成功率只有61.5%。

对D组级加以改进获得了2种衍生的上面级，分别为D-1组级和D-2组级，所对应的火箭称为质子-K/D-1组级（8K82K/11S824M）和质子-K/D-2组级（8K82K/11S824F）。D-1组级和D-2组级使用RD-58M发动机，拥有更大的推力。但是，这2种上面级仍然没有导航能力。质子-K/D-1组级于1976年8月9日首飞，发射了月球24号探测器，于1989年发射石榴石高能天体物理实验卫星后退役。

#### 6.1.5.3 质子-K 运载火箭

质子-K运载火箭是苏联质子号运载火箭家族中的三级型号。美国国防部称这种火箭的代号为SL-13，根据美国国会的谢尔顿命名法则称其为D-1。此火箭主要用来发射空间站。

#### 6.1.5.4 质子-M 运载火箭

质子-M运载火箭与以前的质子号火箭相比得到了许多改进。它使用了更先进的和风-M上面级，这种新上面级于1999年首次进行了飞行。当时前三级使用的是原有的质子-K箭体，这样组成的火箭被称为质子-K/和风-M或质子-KM。质子-KM火箭可能只是代用品，因为不久就对火箭的前几级进行了改进，使用了与以前完全不同的箭体结构（可能主要是减小了前三级的重量），总共只有 70％ 的技术是从以前的质子号火箭中继承的。换用新箭体的火箭于 2001 年首次发射，将一颗银幕-M 通信卫星送入轨道。这种火箭是目前俄罗斯从事国际商业发射服务的主力。2007 年，俄罗斯又发展出了质子-M 增强型火箭。

#### 6.1.5.5 质子号运载火箭及其商业运营分析

质子号运载火箭由 ILS 公司对外承揽发射任务，ILS 公司所提供的发射支持服务在范围和重量上都达到或领先于其他商业发射服务组织。它所提供的服务包括：系统集成、提供质子号运载火箭、面向用户定制工程服务和任务分析、保险代理、地面和空中运输、协助办理政府出口许可证、在发射场进行航天器的总装和测试、航天器和运载火箭的总装、发射场支持和安全服务、航天器的发射和发射后的任务支持。图 6－4 给出了 ILS 公司的组成及其任务分配。

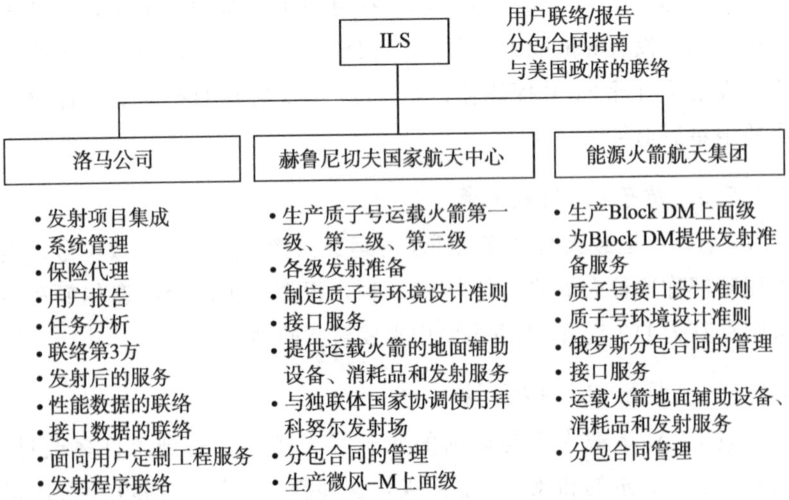


图 6－4 ILS 公司的组成及其任务分配

ILS 公司作为一个主承包商来管理有关运载火箭的供应和航天器发射服务的所有任务以及协调成员公司之间的工作。ILS 公司将支持所有航天器的准备活动，监督并指导航天器与质子号运载火箭的总装并执行航天器的发射任务。用户只需与 ILS 公司交换意见就可以获取发射各方面的全部支持。

### 6.1.6　极轨卫星运载火箭

2017 年 2 月 15 日，印度的极轨卫星运载火箭（PSLV）搭载 104 颗卫星从萨提斯达瓦航天中心发射，将制图卫星-2D（CartoSat-2D）遥感卫星和 103 颗纳卫星送至太阳同步轨道（SSO），打破俄罗斯第聂伯（Dnepr）火箭一箭三十七星的发射纪录，创下运载火箭单次发射卫星数量世界纪录。

#### 6.1.6.1　极轨卫星运载火箭基本情况

极轨卫星运载火箭系列包括 3 种在役型号：基本型极轨卫星运载火箭-G 为捆绑 6 枚固体助推器的四级运载火箭；芯级型极轨卫星运载火箭-CA 为不捆绑固体助推器的四级火箭；增强型极轨卫星运载火箭-XL 与基本型构型相同，增加了固体助推器推进剂质量来提高运载能力。印度此次发射使用增强型极轨卫星运载火箭-XL，其全长为 44.4 m，起飞质量为 320 t，整流罩直径为 3.2 m，高为 8.3 m。该火箭太阳同步轨道运载能力为 1 750 kg，地球同步转移轨道（GTO）运载能力为 1 425 kg。

极轨卫星运载火箭-XL 第一级捆绑助推器采用固体推进剂，芯级间隔采用固、液推进系统，芯一级、三级采用固体推进剂，二级和四级采用液体推进剂。极轨卫星运载火箭各级性能参数见表 6-4。

**表 6-4　极轨卫星运载火箭各级性能参数**

| | 助推器 | 第一级 | 第二级 | 第三级 | 第四级 |
|---|---|---|---|---|---|
| 发动机 | — | S139 | Vikas | HPS3 | 2 台×PS-4 |

续表

| | 助推器 | 第一级 | 第二级 | 第三级 | 第四级 |
|---|---|---|---|---|---|
| 推进剂 | 端羟基聚丁二烯（固体） | 端羟基聚丁二烯（固体） | 偏二甲肼＋四氧化二氮（液体） | 端羟基聚丁二烯（固体） | 氮氧化物＋一甲基肼（液体） |
| 推进剂质量 | 6 个×12.2 t | 138.2 t | 42.0 t | 7.6 t | 2.5 t |
| 直径/m | 1 | 2.8 | 2.8 | 2.0 | 1.3 |
| 长度/m | 12 | 20 | 12.8 | 3.6 | 3.0 |
| 推力 | 6 台×719 kN | 4 800 kN | 799 kN | 240 kN | 2 台×7.6 kN |

资料来源：市场调研。

#### 6.1.6.2 极轨卫星运载火箭私营化运营的开展

印度空间研究组织（ISRO）宣布暂拟于 2020 年实现极轨卫星运载火箭私营化。作为印度主力运载火箭，极轨卫星运载火箭将在 4 年内实现总体上的私营化，从而使印度航天格局发生一次革命性变化。一旦这项方案落实，该火箭的总装和发射工作将通过 ISRO 的下设商业分支机构安得利公司交给一个企业集团。极轨卫星运载火箭运营总体私营化的好处是能提高相关能力，从而把年发射次数从 12 次提高到 18 次。极轨卫星运载火箭于 1993 年 9 月首飞，迄今已发射几十余次，被公认为成功率最高的火箭之一。

#### 6.1.6.3 印度借助成熟技术抢占小卫星搭载发射市场

传统火箭单星发射时，搭载的卫星质量不会与火箭运载能力完全一致，造成运载能力极大浪费。采用一箭多星方式可根据火箭剩余运载能力合理选择搭载对象，增加卫星发射机会，实现卫星星座快速组网，提高火箭自身效益，降低单颗卫星发射成本。近年来，随着微纳卫星发射需求的不断增长，各国相继利用大中型火箭开展多星发射业务，2016 年，达到 20 次（不包括空间站释放多星），占年发射次数的 23.5%，将 113 颗各类卫星送入轨道。印度利用极轨卫星运载火箭的低价格、高可靠、可一箭多星发射的特点，快速拓展微纳卫星商业发射市场业务，至今已为美国、德国、法国等 23 个国家发射了 180 颗卫星（包括此次 101 颗），并计划在 2020 年将极轨卫星运载火箭业务移交给商业公司，提高火箭发射频率，有望进一步提升商业卫星发射市场份额。

## 6.2　2016—2017 年全球商业航天发射市场分析

### 6.2.1　全球航天器发射情况统计

2017 年世界航天发射活动与上一年度相比，格局略有调整：美国发射数量显著增长，继续维持第 1 位置；俄罗斯发射活动有所回升，跃升至全球次席；中国位居第 3；欧洲基本维持稳定；印度发射次数有所减少，排序滑落至日本之后。总体来看，2017 年世界发射次数较 2016 年有所增加，由于小卫星星座的加速部署，发射的航天器数量增长 1 倍有余。2017 年，全球共进行了 91 次航天发射任务，其中 85 次发射成功（包含 1 次部分成功），6 次发射失败。全年发射 467 个航天器，成功发射 443 个（包括部分成功），因发射失败导致 24 个航天器损毁。

#### 6.2.1.1　按发射国家/地区的数据统计

2017 年全球发射航天器数量按发射国家/地区统计情况如表 6－5 所示。在全年 91 次运载火箭发射中，美国凭借 SpaceX 公司 18 次发射的强势表现，全年发射次数达到 30 次，发射航天器数量达 152 个，发射次数和发射航天器数量继续双双位居全球榜首位置；俄罗斯发射次数为 21 次，发射 116 个航天器，发射次数有所增多，发射航天器数量大幅增加；中国发射 18 次，发射 34 个航天器，位居全球第 3 位；欧洲发射 9 次，发射 18 个航天器，维持了 2016 年的发射频率；日本发射 7 次，发射 8 个航天器；印度发射 5 次，发射 138 个航天器，发射次数减少，但发射航天器数量呈现爆发式增长。此外，伊朗发射 1 次，发射 1 个航天器。从单箭发射航天器平均数量看，印度凭借一箭 104 星发射继续占据榜首位置，并将平均数量增至 27.6 个；俄罗斯、美国分列第 2 位和第 3 位。

表 6－5　2017 年全球发射航天器数量按发射国家/地区统计情况

| 序号 | 国家/地区 | 发射次数/次 | 占比/% | 发射航天器数量/个 |
|---|---|---|---|---|
| 1 | 美国 | 30 | 32.97 | 152 |
| 2 | 俄罗斯 | 21 | 23.08 | 116 |
| 3 | 中国 | 18 | 19.78 | 34 |
| 4 | 欧洲 | 9 | 9.89 | 18 |
| 5 | 日本 | 7 | 7.69 | 8 |
| 6 | 印度 | 5 | 5.49 | 138 |
| 7 | 伊朗 | 1 | 1.10 | 1 |
| 合计 | | 91 | 100.00 | 467 |

资料来源：市场调研。

#### 6.2.1.2　按航天器所属国家/地区的数据统计

在 2017 年全年发射的 467 个航天器中，按航天器所属国家/地区（用户）统计，如表 6－6 所示，美国高达 302 个，相较 2016 年增长了近 2.5 倍，以绝对优势继续排名第 1；欧洲发射航天器的数量相较 2016 年翻番，超越中国位居全球第 2 位；中国因运载火箭发射失利导致多个任务推迟，排名滑落至第 3 位；俄罗斯、日本和印度的排名与 2016 年保持一致，分列第 4、第 5 和第 6 位。排除对航天器制造市场分析影响不大的 50 kg 及以下航天器后，美国航天器数量为 76 个，仍位居榜首；中国以 27 个反超欧洲，排名第 2，这反映出中国航天系统正处于大规模建设和快速发展阶段；俄罗斯凭借 15 个航天器数量位列全球第 3 位；欧洲则滑落至第 4 位。

表 6－6　2017 年全球发射航天器数量按所属国家/地区统计情况

| 序号 | 国家/地区 | 所有航天器 | | 仅含质量不小于 50 kg 的航天器 | |
|---|---|---|---|---|---|
| | | 数量/个 | 占比/% | 数量/个 | 占比/% |
| 1 | 美国 | 302 | 64.67 | 76 | 25.17 |
| 2 | 欧洲 | 44 | 9.42 | 14 | 31.82 |
| 3 | 中国 | 38 | 8.14 | 27 | 71.05 |

续表

| 序号 | 国家/地区 | 所有航天器 | | 仅含质量不小于 50 kg 的航天器 | |
|---|---|---|---|---|---|
| | | 数量/个 | 占比/% | 数量/个 | 占比/% |
| 4 | 俄罗斯 | 24 | 5.14 | 15 | 62.50 |
| 5 | 日本 | 13 | 2.78 | 8 | 61.54 |
| 6 | 印度 | 9 | 1.93 | 6 | 66.67 |
| 7 | 其他 | 37 | 7.92 | 11 | 29.73 |
| 合计 | | 467 | 100 | 157 | 33.62— |

资料来源：市场调研。

## 6.2.2　全球航天器发射情况分析

### 6.2.2.1　火箭家族增添新成员，更新换代首飞均获成功

长征五号、长征七号两型新火箭投入使用，拉开了我国运载火箭更新换代的序幕。2016 年 6 月 25 日，我国新一代中型火箭长征七号完成首秀，为后续载人航天工程推进奠定坚实的基础，该火箭具有近地轨道 13.5 t、700 km 太阳同步轨道 5.5 t 的运载能力，采用无毒、无污染的推进剂。2016 年 11 月 3 日，长征五号在海南文昌发射场点火升空，准确地将有效载荷送入预定轨道，首次任务取得圆满成功，使我国运载火箭步入世界前列，是我国从航天大国迈向航天强国的重要支撑和显著标志之一。长征五号系列运载火箭采用模块化、通用化、系列化设计，近地轨道运载能力覆盖 10～25 t，地球同步转移轨道运载能力为 6～14 t。

2016 年 4 月 28 日，俄罗斯新型联盟-2.1a/伏尔加（Soyuz-2.1a/Volga）运载火箭从东方航天发射场首飞，将 3 颗卫星送入预定轨道。同时，本次发射还标志着该发射场正式投入使用，它是俄罗斯境内首个民用航天发射场，可保障俄罗斯完全自主地开展航天活动。目前，该发射场一期建设接近尾声，二期建设已获得批准，预计 2023 年前完成全部基础设施建设。

2016 年 10 月 18 日，美国轨道 ATK 公司的安塔瑞斯-230

(Antares－230)火箭成功首飞，这也是安塔瑞斯火箭自2014年10月28日发射失败后的首次飞行。一子级改用RD－181发动机替代AJ－26发动机，在提高火箭动力系统可靠性的同时提高了运载能力。火箭起飞质量为298 t，高200 km、倾角38°圆轨道的运载能力接近7 t，600 km太阳同步轨道运载能力约为2.1 t。

2016年12月20日，日本艾普斯龙(Epsilon)增强型火箭完成首飞，其太阳同步轨道运载能力从450 kg增加到590 kg。该火箭的改进目标是提高火箭运载能力，满足小型卫星市场的需求，增加载荷可用空间，同时还提高发射频率，以便增强该火箭在商业发射市场中的竞争力。

2017年，日本SS－520－4纳米卫星火箭、新西兰电子火箭、美国人牛怪-4火箭都是首次发射。其中电子火箭由轻质碳复合材料制成，包含许多使用电子束熔炼技术进行3D打印的元素。其发动机舱、喷油器、涡轮分子泵和主推进剂阀门都是3D打印的，这是为了减小质量，同时保持Rutherford发动机的强度。

#### 6.2.2.2 2个新发射场投入使用，成功完成首次发射任务

2016年，俄罗斯的东方航天发射场(Vostochny)和我国的文昌航天发射场启用。东方航天发射场位于远东地区的阿穆尔州，该发射场的建成与使用将提高俄罗斯航天发射活动的自主性，减小对哈萨克斯坦拜科努尔发射场的依赖。2016年4月28日，联盟-2.1a/伏尔加火箭成功地从该发射场将3颗卫星送入太阳同步轨道(SSO)。文昌航天发射场位于我国海南省，具有纬度低的优势，可大大提高地球同步轨道卫星的运载能力，提高效费比。2016年6月25日，长征七号火箭成功地在该发射场进行了多用途飞船缩比返回舱以及5个技术试验载荷的近地球轨道发射。

#### 6.2.2.3 多颗新型航天器发射运行，实现技术突破

美国发射首颗第四代卫星数据系统(SDS)中继卫星，为美国低轨侦察卫星提供数据中继服务；以色列发射了新一代地平线

(Ofeq) 光学成像侦察卫星的首发星地平线-11，卫星使用新的卫星平台和改进的成像系统，在 600 km 轨道高度下的地面分辨率达 0.5 m；我国发射了天通移动通信卫星系统的首发星以及墨子号量子科学实验卫星、脉冲星试验卫星等新型科学卫星，在载人航天方面，我国登上新的高度，将航天员在太空的停留时间延长到 1 个月。

### 6.2.3　全球商业航天发射服务市场特点分析

#### 6.2.3.1　重型火箭研制稳步推进，瞄准未来载人深空探索

美国以火星探索任务为远期目标的航天发射系统（SLS）项目，完成了五段式固体助推器的第二次地面鉴定试车。初步结果显示，改进后的助推器性能符合火箭总体要求；开展了 4 次 RS-25 发动机热试车，飞行用发动机 1 次，试验用发动机 3 次，总时长超过 2 400 s，验证了航天飞机时代遗留下来的发动机性能和新型控制器的表现。芯级氢箱结构件在米丘德工厂的垂直组装中心上完成焊接，准备运抵试验台进行结构载荷试验；上面级试验件已安装在试验台上，即将进行试验；用以支持火箭发射的地面系统也在同步进行翻新和建设工作。SpaceX 公司公布了用于火星探索的完全可重复使用的星际运输系统方案，近地轨道运载能力预计在 300～550 t，目前已经制造出直径为 12 m 复合材料贮箱用于研发试验，猛禽(Raptor) 发动机也已完成首次点火试车。

俄罗斯稳步推进重型运载火箭研制工作，预计耗时 5～7 年的时间，研制近地轨道运载能力达到 120～160 t 的重型运载火箭，以期 2030 年左右实施载人登月计划，为在月球建立基地铺平道路。

#### 6.2.3.2　新型号研制工作有序开展，以降低成本、提高竞争力为目标

美国火神（Vulcan）火箭、欧洲阿里安-6 火箭、日本 H-3 火箭于 2016 年通过初步设计评审，预计于 2020 年左右投入使用。

火神火箭采用两级结构，芯级直径为 5 m，地球同步转移轨道

运载能力约为 11 t。在年发射 10～20 次的条件下，单发初始构型火神火箭的起步价为 1 亿美元。随后，火神火箭将逐步应用部分可重复使用技术，不断降低发射成本，最终取代现役主力火箭宇宙神-5（Atlas-5）和德尔它-4（Delta-4）。

阿里安-6 火箭分为阿里安-64 和阿里安-62 两种构型，分别带有 4 个和 2 个固体助推器。其中，阿里安-64 火箭的地球同步转移轨道运载能力为 10.5 t，发射价格为 1 亿美元。

H-3 火箭采用两级构型，可加装 2 个或 4 个助推器，其太阳同步轨道运载能力为 4 t 以上，地球同步转移轨道运载能力为 6.5 t 以上，年发射次数有望达到 6 次，目标是投入使用后使现有发射价格是以往的 50%。

此外，韩国航空宇宙研究院（KARI）完成了 75 吨级火箭发动机和 7 吨级上面级发动机的全工况试验。这两型发动机将用于罗老-2（KSLV-2）火箭上，研制成功后，有望使韩国在近地轨道卫星发射任务上摆脱对国外火箭的依赖，并打开亚洲商业发射市场。

#### 6.2.3.3 微小型商业火箭迎来机遇，多家公司获得商业订单

随着微小卫星的快速发展，新兴商业航天公司提出了多种微小卫星专用火箭方案，采用更先进的制造技术、更有效的自检手段、更优化的发射模式。

2016 年，维珍银河公司（VirginGalactic）的发射者一号（LauncherOne）火箭完成动力系统和硬件在环试验，该公司已获得 44 次发射任务订单。发射者一号火箭为空射二级运载火箭，其载机是改装过的 747-400 飞机，低地球轨道运载能力大于 400 kg。目前，该公司对发射者一号火箭有充足的研制资金，预计 2017 年下半年该火箭可进行试飞。该公司曾预估该火箭发射 200 kg 有效载荷进入太阳同步轨道的费用低于 1 000 万美元。

火箭实验室公司（RocketLab）的电子（Electron）火箭已签订 4 份发射合同，共计 19 次发射任务。该火箭可将 150 kg 的有效载荷发射到 500 km 的太阳同步轨道，未来逐步实现每 72 h 执行 1 次发

射任务，发射价格约为 490 万美元。

#### 6.2.3.4　重复使用方案多途并举，垂直起降技术渐入佳境

美国国防高级研究计划局（DARPA）开展的试验性太空飞机-1（XS-1）项目完成第一阶段的可行性评估，进入第二阶段，准备进行样机研制和试验。试验性太空飞机-1 为火箭动力带翼水平返回着陆的亚轨道级，可通过携带一次性上面级将载荷送入轨道。2015 年，美国联合发射联盟公司（ULA）提出在火神火箭一子级伞降回收的基础上，提出了二子级伞降回收的方案。SpaceX 公司成功完成 5 枚猎鹰-9 火箭一子级的回收，并首次成功利用海上平台回收一子级，这表明有动力垂直返回技术趋于成熟。蓝色起源公司利用同一枚新谢泼德（NewShepard）亚轨道旅游飞行器实现 4 次飞行和有动力返回着陆，并提出了基于垂直起降技术的新格林（NewGlenn）运载火箭设计方案。

印度也完成了带翼重复使用技术验证机（RLV-TD）的首次飞行试验，最大飞行速度马赫数达 5.2，最大飞行高度为 65 km，验证了大攻角条件下从高超声速飞行过渡至亚声速飞行的受控下降段。带翼重复使用技术验证机不带动力装置，利用 HS9 固体火箭助推器顶推发射。

# 第7章 国外商业卫星公司发展模式

## 7.1 国外商业遥感卫星市场发展

### 7.1.1 美国

20世纪80年代，美国开始推进陆地卫星的商业化，意图通过商业化运作减少政府投资，降低卫星的运营成本。冷战结束后，俄罗斯开始向国际市场销售分辨率为2 m的遥感卫星图片。1994年，为了增强在遥感卫星市场的竞争力，美国颁布了商业遥感政策，允许销售分辨率为1 m的卫星遥感图像，从而推动了商业遥感卫星的发展。1999年9月，伊科诺斯卫星发射，成为世界上第一颗分辨率为1 m的商用高分辨率遥感卫星。

自20世纪90年代以来，美国军方对高分辨率图像需求增大，而下一代侦察卫星系统——未来成像体系（FIA）进度迟缓、费用超支，存在在轨侦察能力间断的风险。美国政府认为，随着商业遥感卫星能力的提高，要最大限度地利用商业遥感卫星能力满足军事、情报及民用需求，确立了优先采购商业遥感卫星数据的政策。

2001年，美国提出了“清晰视景”（ClearView）计划和“下一代视景”（NextView）计划，打算向商业公司购买卫星图像，并支持其研制高分辨率成像卫星，满足美国情报及军事需求。数字地球公司和地球眼公司（当时名为轨道图像公司）获得5亿美元和4.35亿美元的卫星研制合同，分别用于研制世界观测（WorldView）卫星和地球眼（GeoEye）卫星。两家公司的在轨商业遥感卫星均已实现优于0.5 m的分辨率。

2010年，美国国家地理空间情报局（NGA）开始实施“增强视景”（EnhancedView）计划，用于研制和运行下一代高分辨率商业成像卫星。数字地球公司和地球眼公司赢得了国家地理空间情报局为期 10 年、总价 73 亿美元的“增强视景”计划合同。未来 10 年他们要向该局提供高分辨率卫星影像、附加产品和服务。

2013 年 8 月，美国发布《弹性和分散空间体系》白皮书，未来强调体系的优化发展，向分散和弹性转变。该白皮书是美国空军航天司令部发布的第一部白皮书，明确了未来美国军事航天系统发展的顶层思路和航天体系转型方向，将全面推进空间体系向“弹性和分散”体系的转型。该白皮书指出：弹性是遂行任务的能力和本领，分散是实现弹性的策略；除作战能力外，将弹性和经济可承受性作为评估体系的重要指标；目前，战场环境、通信、导航、预警等卫星系统已经完成初步方案。美国考虑以多轨分散、多域分散、载荷搭载、系统分解、功能分散共 5 种分散形式实现体系的弹性。其中遥感卫星系统将主要采用多轨分散（侦察、预警）、多域分散（侦察、预警）、载荷搭载（预警载荷搭载）3 种方式。

美国下一代商业高分辨率遥感卫星，谱段精细，探测要素更为丰富。2014 年 8 月 13 日，美国发射了下一代商业高分辨率遥感卫星——世界观测－3（WorldView－3）卫星。WorldView－3 卫星在继承 WorldView－1/2 卫星性能优点的同时，在高分辨率、多光谱、多载荷三个方面具有以往所有商业成像卫星不具有的优势。其全色分辨率达 0.31 m，幅宽达 13.1 km，成为世界上分辨率最高的光学商业遥感卫星。其多光谱分辨率为 1.24 m，同时增加了 8 个短波红外谱段，短波红外分辨率为 3.7 m。另外，WorldView－3 卫星搭载了云、气溶胶、水汽、冰、雪（CAVIS）载荷，显著提高探测沙云、气溶胶、卷云、水、雪等要素的能力，分辨率为 30 m。

2014 年 6 月，数字地球（DigitalGlobe）公司正式获得美国商务部批准，可以向其所有用户销售全色分辨率高达 0.25 m、多光谱分辨率为 1 m 的卫星图像数据，该批准立即生效。这是美国政府自 2000 年将商业遥感卫星分辨率销售限制放松至 0.5 m 以来，再次放松商业遥感卫星分辨率限制。此举将允许数字地球公司将最好的产品推向商业遥感市场，使其在面对国内外竞争、拓展全球市场方面具有领先优势，极大提高美国商业遥感公司的全球竞争力。

2014 年 3 月 12 日，美国新闻记者扎克·罗森贝格（Zach Rosenberg）在外交政策（Foreign Policy）网站发表《即将到来的轨道革命》一文，提出当前全球航天正掀起一场“轨道革命”。该文章指出，随着微机电技术、集成化综合电子技术的发展，以及卫星设计思想创新，卫星小型化趋势将愈发明显，驱动卫星研制成本不断降低。同时，低成本运载火箭、一箭多星、空间站释放等多样化发射技术的发展以及新兴航天公司进入航天发射市场，促使卫星发射成本大幅下降。快速发展的小卫星技术和低成本运载技术降低了进入空间和利用空间的成本门槛，越来越多的国家能够借助小卫星参与到空间活动中，使轨道空间正在由一个航天大国俱乐部发展成一个“大众参与”的舞台。该文将这种由微小卫星技术和低成本运载技术发展引起的航天活动变化称为“轨道革命”。这种变革将促进更多非航天企业参与航天产业，更多企业带来更多创新，推动变革的持续深化。

在“轨道革命”的推动下，小卫星发展日渐活跃，目前仍主要集中于遥感和技术试验卫星领域。遥感小卫星的“轨道革命”实践最为凸显，业务应用卫星已开始大规模部署；技术试验卫星已开始朝“轨道革命”方向发展；相对而言，通信、导航卫星领域的“轨道革命”趋势还不明显。

目前，美国多家公司发展大规模商业小卫星星座。美国天空盒子成像（Skybox Imaging）公司计划部署由 24 颗微卫星组成的大规模商业星座系统。目前，已经有 2 颗天空卫星在轨运行。天空卫星是 1 m 分辨率 CMOS 面阵成像卫星，设计寿命为 4 年，采用地面“合成 TDI”专利，能够实现辨率超分处理和多图像拼接，支持 5 Hz 高清视频。整个星座可实现 8 h 全球数据更新，将推动数据应用从单幅图像处理向时序数据分析转变。

### 7.1.2 法国

法国由单一低轨向体系化多轨道发展，提出高、中、低轨相结合的光学卫星体系，兼顾超高分辨率与区域持续监视。法国于 2013 年 10 月提出发展高、中、低轨结合的光学成像卫星体系，这是法国首次明确提出多轨道光学成像卫星体系的概念，同时法国也成为继美国、俄罗斯、以色列之后，又一个提出发展椭圆轨道光学成像卫星的国家。该体系将包括 3 种新型光学成像卫星，分别为 0.2～0.3 m 超高分辨率的低轨光学成像卫星，单星重访周期为 1～2 天，至少部署 2 颗；1 m 分辨率的椭圆轨道光学成像卫星，具有可在 6 353 km 远地点实现 1 m 分辨率、50 km 幅宽的观测能力，持续观测时间达 45 min，兼顾高分辨率与持续监视；3 m 分辨率的静止轨道面阵光学成像卫星，设计寿命达到 15 年，具有静态图像和动态视频两种能力，实现持续监视。但开发静止轨道卫星需要突破很多技术瓶颈，如载荷设计、图像处理和轨道控制技术等。

### 7.1.3 日本

日本积极构建低轨综合观测星座，监视重点海域。日本政府于 2013 年 5 月提出将发展新的低轨综合观测星座，通过光学成像与雷达成像结合，太阳同步轨道与倾斜轨道组合，高分辨率与大幅宽结合，实现热点地区持续监视，特别是日本海上运输线的持续监视。该星座由 5 颗光学成像卫星和 4 颗雷达成像卫星组网，光学成像卫星采用全色、多光谱、高光谱的综合观测手段，采用高分辨率与大幅宽相结合的配置，能够每天数次重访；雷达成像卫星采用中倾角和太阳同步轨道（46°）结合，实现高频度观测全球热点地区的海上战略要道。属于该星座的先进陆地观测卫星-2（ALOS-2）雷达成像卫星和先进新系统架构对地观测卫星-1（ASNARO-1）光学成像卫星分别于 2014 年 5 月和 11 月发射，分辨率分别为 1 m 和 0.5 m。

日本将民用光学和雷达卫星分开发展，卫星性能和精细观测能力大幅提高。日本新一代 ALOS-2 民用雷达成像卫星与 ALOS-1 卫星搭载的相控阵 L 频段合成孔径雷达（PALSAR）相比，ALOS-2 卫星搭载的 PALSAR-2 载荷性能更先进，分辨率更高，工作模式更多，存储能力和数据传输能力也相应提高。ALOS-2 卫星具有聚束、条带（超精、高精、精）和扫描 SAR 三种成像模式，最高分辨率达 3 m×1 m，幅宽为 25 km。新一代 ALOS-3 民用光学成像卫星于 2016 年发射，载有全色立体测绘相机，全色分辨率达 0.8 m，并新增超光谱成像仪。

### 7.1.4　以色列

以色列发射的下一代雷达成像侦察卫星，增加了新成像模式。2014 年 4 月 9 日，以色列成功发射地平线-10（Ofeq-10）下一代雷达成像侦察卫星，与以色列上一次发射地平线系列卫星时隔 4 年。Ofeq-10 卫星主要用于对特定地区进行侦察监视，例如伊朗的核场所等。与此前发射的 Ofeq 系列卫星运行于 500 km 近圆轨道不同，Ofeq-10 卫星运行于近地点 385 km、远地点 600 km，倾角 140.9°的椭圆轨道。与合成孔径雷达技术验证卫星（TecSAR，即 Ofeq-8 卫星）相比，Ofeq-10 卫星增加了新的成像模式，可以在短时间内实现多点成像，最高分辨率达 0.46 m。

## 7.2　国外商业通信卫星市场发展现状

### 7.2.1　通信卫星运行轨道

大部分通信卫星运行在地球静止轨道或低地球轨道上。地球静止轨道卫星和低地球轨道卫星市场规模的大小取决于多种因素。地球静止轨道卫星的价格一般在 1.5 亿美元以上，而低地球轨道上的卫星则要便宜得多。

地球静止轨道卫星需要较大的平台，制造周期为 2～3 年。入轨后，一颗地球静止轨道卫星每月能产生数百万美元的收入，寿命高达 15 年。在实际应用中每颗地球静止轨道卫星就是一个独立单元。

大型低地球轨道系统通常由多颗卫星构成一个统一的系统来运行。但是，由于低地球轨道系统运行的轨道很低，在通过地球表面某一点时速度很快，通信连接必须要迅速从一颗卫星转向另一颗。单颗低地球轨道卫星的有效工作时间只有几分钟。低地球轨道卫星的寿命也比地球静止轨道卫星要短，这是因为低地球轨道的地球重力效应较强，并且低地球轨道卫星频繁的信号传输耗电量多，导致卫星电池寿命短。低地卫星星座一般由多颗卫星互联组成，因此多采用批量采购的方式，从而使低地球轨道卫星的交付具有周期性的特点。

虽然绝大多数通信卫星工作在地球静止轨道和低地球轨道，但也有一些卫星工作在中地球轨道上。例如，O3b 公司正在开发运行在中地球轨道上的商业卫星，用于向发展中国家提供高速宽带互联网服务。该公司认为中地球轨道能在覆盖范围和时延方面达到最佳平衡。

### 7.2.2　固定卫星服务和移动卫星服务

过去，卫星运营商一般分为两大阵营，分别提供固定卫星服务和移动卫星服务。向固定地点提供广播、数据传输、电话和其他服务的运营商称为固定卫星服务运营商。向卫星电话或装置提供移动通信服务的运营商称为移动卫星服务运营商。固定卫星服务运营商主要使用地球静止轨道卫星，而移动卫星服务运营商主要使用低地球轨道卫星。

不过，这一划分界限变得越来越模糊。为了抢占移动数据市场，许多传统固定卫星服务运营商已经涉足移动卫星服务市场。例如，欧洲卫星公司（SES）和加拿大电信卫星公司等卫星运营商开始向空运市场和海运市场出售容量。另一方面，移动卫星服务运营商国际移动卫星公司将向陆地和海上钻井平台提供服务。

随着卫星带宽需求的增长，卫星的质量越来越大。大型有效载荷及其所需的大功率，使地球静止轨道通信卫星的尺寸也越来越大。

劳拉空间系统公司、波音公司和洛·马公司在建造大型卫星方面都获得了成功。这些大型卫星能够处理数量众多的大功率转发器，用于高清视频传输、宽带互联网和其他服务。

### 7.2.3 通信卫星技术发展现状

商业通信卫星运营商采用新技术的步伐一直比较缓慢。在未来的运营环境中进行新技术试验是非常昂贵的。太空是一个极端苛刻的环境，在太空试验设备的代价不小。另外，保险费率居高不下也是卫星买家较为保守的原因之一。尽管卫星运营业较为保守，但还是引入了一些新技术来满足通信卫星用户的需求。

（1）功率

卫星的功率越来越大，支持较小地面设备的能力也越来越高。目前正在使用锂离子电池和砷化镓太阳能电池来提高卫星的功率输出。

（2）可展开天线

卫星技术发展的另一个重要趋势是越来越多地采用大型可展开天线。这些天线在卫星到达工作轨道后才展开，直径最大可达22 m。卫星采用大型天线的目的是允许在地面使用较小的接收机。这一点对于国际移动卫星公司这样的移动卫星服务运营商来说尤其重要。移动服务用户可以很容易地用手机大小的装置进行通信联系。

（3）离子推进

2012 年 3 月，亚洲广播卫星公司和墨西哥卫星公司签订了一项合同，从波音公司联合采购 4 颗卫星。这些卫星基于波音公司的新型 702SP 平台建造，是商业通信卫星运营商订购的首批全电地球静止轨道卫星。大多数卫星在太空飞行中使用的是常规化学推进剂。而这种新技术从氙气中获得电子，产生了带电粒子，这些带电粒子在电场的作用下从推力器中喷出，推动卫星向前飞行。

这种新型推进方式称为离子推进，过去已经用于卫星轨道保持。不过，它此前还没有用于将卫星推送入轨，因为它比化学推进慢，定点所需时间最长可达 6 个月。但是，这种推进方式的优点在于使用离子推进不像化学推力器那样需要携带大量的推进剂，因此可以大幅减小质量，降低发射成本，从而增加卫星装载的转发器数量。

虽然看好这项技术的前景，但目前尚不清楚能有多大的市场份额。2012 年，亚洲广播卫星公司和墨西哥卫星公司的合同在宣布时曾引起轰动。不过，波音公司后来并没有公开宣布签订新合同，只是暗示签订了几份采用该技术的秘密合同。

尽管一些制造商热衷于提供这项技术，但轨道科学公司的最新型号“静地星”3 却并没采用该技术。轨道科学公司认为，客户宁愿让自己的卫星早点入轨，也不愿意从节省质量中获益。

由于采用离子推进和传统化学推进方式的卫星运营商并存，因此新技术将会在市场上占有一席之地。有些运营商则同时采用这 2 种推进方式，在节省卫星质量的同时让卫星尽快入轨。

（4）高通量卫星

高通量卫星是卫星工业的又一个重要发展趋势。高通量卫星能比传统卫星以更快的速度处理更多的数据。这些卫星通过频率复用和点波束来实现目的。采用这种技术的卫星能让点波束对准多个具体位置，使用相同的频率为多用户提供服务，从而增加了卫星的带宽数量。

高通量卫星通常使用电磁频谱的 Ka 频段，部分原因是因为它比其他卫星频段（如 Ku 频段）要窄一些。窄波束比较适宜于点波束。由于 Ka 频段一般不用于其他应用，因此可以随时提供使用。例如，Ku 频段一般用于电视直播到户。回声星-17 卫星和卫讯-1 卫星都采用了 Ka 频段用于卫星宽带互联网。不过，高通量卫星所采用的技术也可以用在使用其他频率的卫星上。例如，国际通信卫星公司计划建立一个高通量 Ku 频段卫星网络。

### 7.2.4　通信卫星应用领域

通信卫星有多种用途。如上所述，通信卫星运营商的重要增长领域包括宽带互联网服务、视频传输和政府服务等。从各地区来看，拉丁美洲、东欧、中东和非洲以及亚洲将快速增长，因为这些地区的需求日益增长，直逼西欧和北美。

（1）宽带互联网

宽带互联网在当今世界不可或缺。虽然许多人正在享受高速互联网带来的好处，但仍然有很多人连接不上它，甚至在美国也有这种情况。美国联邦通信委员会于2012年所做的一项调查显示，约有1 900万美国人连接不上宽带互联网，其中有145万人生活在乡村。包括美国和澳大利亚在内的许多政府已经开始努力让更多的人接入宽带互联网。

普及宽带互联网的主要方式是铺设地面线路，但是，在许多地方，特别是乡村，由于费用昂贵而且没有足够的市场，将线路铺设到所有地方面临着巨大的挑战。在这种情况下，卫星对于宽带互联网的覆盖起着至关重要的作用。高通量卫星可以降低高速互联网接入的成本。增大容量能够增加每台发射机的收入，使运营商能在提高速度的同时降低成本，从而提高营利性。卫讯公司和休斯网络公司进行了投资以提高卫星的传输速度。

（2）电视广播

数字电视是拉动卫星服务增长的又一个市场，特别是在有线电视和光纤覆盖率较低的地区。在东欧、中东和北非，付费电视市场发展迅速。不过，这些地区不可能铺设像西欧和北美那么发达的线路。因此，卫星电视公司在进入这些市场时面临的竞争也就不那么激烈。

但是，这并不是说卫星电视公司在西欧和北美没有取得成功。相反，欧洲有8 400万个家庭接受直播到户电视。

(3) 航空和航海

航空和航海是卫星运营商业务增长的重要领域。如同在地面一样，航空公司和航海公司对数据的需求也在不断增长。航空公司希望在机舱中提供无线上网服务，从而吸引乘客。美国最早从事航班 Wi-Fi 服务的是 Gogo 公司。该公司最初只是通过手机蜂窝站向达美等航空公司提供 Wi-Fi 服务。不过，为了向全球提供服务并且提高容量，许多航空公司和 Wi-Fi 服务商开始转向使用卫星。Gogo 公司也签订了卫星容量合同。美国的联合、西南和捷蓝等航空公司计划在其全部机队上安装 Wi-Fi。

航海公司也在寻求为船员和乘客提供宽带互联网。船运公司可以使用互联网集中进行航线管理，为船员提供通信联络。游轮公司也希望通过向在海上乘船的游客提供 Wi-Fi 服务来增加收入。这些应用都能通过卫星来实现，因为船只在航行时距离地面提供的服务较远。

(4) 政府使用

政府在拉动卫星服务需求方面发挥着重要作用。但是，跟其他用户一样，在金融危机的大背景下，政府也面临着预算削减的压力。预算削减妨碍了新计划的实施。目前的一些军用卫星计划（如美国的先进极高频计划）虽然能够满足部分军事需求，但却不能满足政府日益增长的卫星容量需求。为此，政府不得不从商业卫星运营商那里购买容量来填补不足。从商业卫星运营商购买在轨卫星容量或租用整颗卫星，比研制、发射和维护自己的卫星网络要便宜得多。

政府提高卫星通信能力的另一种办法是在商业卫星平台上搭载托管有效载荷，也就是说，政府设计、建造有效载荷并将其装在私人拥有的卫星平台上。在这种情况下，政府向卫星运营商支付托管有效载荷费用，而卫星运营商则负责卫星平台的研制、发射以及卫星的运行。

托管有效载荷对政府和运营商来说有很多好处。政府之所以愿意这样做，是因为在卫星上放置有效载荷所需的费用比设计、建造、发射和运营卫星星座甚至是单颗卫星要低得多。此外，商业卫星运营商发射新卫星的频率比政府要快得多。这就为政府采用新技术或者向卫星覆盖不足的地区部署卫星提供了极大的灵活性。例如，美国政府只需要简单地在准备发射部署的卫星上装一个有效载荷就可以了，而不必发射一颗全新卫星。

托管有效载荷对卫星运营商来说也是益处多多。当与政府签订合同在卫星上搭载托管有效载荷时，卫星运营商获得了流动现金来源，从而有助于进行资本投资。

虽然托管有效载荷的优点显而易见，但是也有一些需要克服的障碍。对于政府来说一大好处就是商业卫星计划完工和发射入轨的速度很快，但这也可能是一个障碍。政府希望花更长的时间来研制卫星和卫星有效载荷，而私营卫星运营商在时间上往往等不及。他们需要尽快发射卫星来满足用户的急需并得到收入。

政府和工业界都在努力提高托管有效载荷的吸引力。美国国防部正在开发管理和成本模型，以便能更好地为托管有效载荷进行部署和付费。2011 年 3 月，7 家公司组成了“托管有效载荷联盟”，希望其能作为私营工业界和政府之间的桥梁，为托管有效载荷签约作出贡献。

(5) 发展中国家

目前发展中国家对卫星服务的需求十分强烈。非洲、中东和东欧已成为卫星运营商争夺市场的重要地区，亚洲仍然是卫星运营商业务增长的代表性地区。卫星运营商在进入发展中地区遇到的障碍比进入北美和西欧这些发达地区要少一些。由于这些地区的地面网络不够发达，因此卫星受到老牌有线电视和互联网服务商的竞争压力也没那么大。

即使在地面运营商已经覆盖市场的情况下，由于这些地区的经济快速发展，也为卫星运营商和地面通信运营商创造了很多机会。消费者的互联互通需求比以往任何时候都要强烈，而数据需求量以及对高清电视和宽带互联网的渴求给全球通信基础设施带来了巨大的压力，因此未来 10 年，卫星容量的需求也会不断增加。

## 7.3　国外商业卫星机构主要发展模式

### 7.3.1　私营模式

在私营模式中，美国的模式最为典型。截至 2014 年年底，美国国家海洋与大气管理局共颁发了 37 个有效商业遥感卫星牌照，分属 21 家机构，包括光学、雷达、超光谱和科学实验卫星。其中，数字地球公司握有 10 颗高空间分辨率光学遥感卫星牌照，新兴的行星实验室公司和天盒公司主要运营小卫星星座系统，天盒公司一次就获得了 24 颗小卫星运营牌照。此外，全球气象监测网公司握有 6 颗静地轨道超光谱卫星牌照，腾邦国际数据公司握有一个静地轨道星座牌照。另一方面，德国向快眼公司（现在的黑桥公司）颁发了商业牌照，英国向灾害监测国际图像公司颁发了“国际灾害监测”3 星座的牌照。由此可见，私营模式日趋成熟。

### 7.3.2　公私合营模式

在公私合营模式中，法国的模式最为典型。法国国家空间研究中心委托空客公司运营斯波特卫星。法国的公私合营取得了良好的效果，后续的昴宿星团卫星依然采用该模式。意大利E - goes 公司是另一个公私合营模式的典范，由意大利政府和泰雷兹公司组建，专门负责高分辨率地中海-天宇雷达星座的商业运营。此外，加拿大、德国、日本和韩国等也采用了该模式。

### 7.3.3　代理模式

在代理模式中，我国的东方道迩公司最为典型。该公司曾是国内遥感数据种类最多的公司，代理了全球大部分民用、商业遥感卫星数据。采用该模式的公司较多，很多私营公司、公私合营公司实际也在开展数据代理业务。

## 7.4 2018—2022 年全球商业卫星市场预测

据国际预测公司预测，未来 10 年卫星服务的需求依然十分强烈，卫星服务供应商的数量也将不断增长，卫星在网络化世界中发挥的作用也越来越重要。除了通信卫星的传统作用之外，卫星运营商还面临着许多新的重要机遇，在移动通信、视频传输、宽带互联网服务、政府服务以及海上自动识别服务等业务领域获得快速发展。

为了满足日益增长的需求，商业卫星领域呈现出了许多发展趋势。卫星的尺寸和质量越来越大，以便容纳更大的有效载荷来提供宽带服务。新卫星上采用了许多新技术，例如，可展开天线能够提供更强的信号，离子推进可以节省推进剂质量，还有点波束和频率复用等高通量技术等。

（1）全球商业遥感卫星市场规模预测

当前，世界各国遥感卫星应用十分广泛，应用领域主要包括国防安全、环境监测、能源、自然资源管理、海事、灾害应急管理、工程与基础设施建设以及基于位置的服务（LBS）等。遥感卫星数据和增值产品每年收入规模持续增大。

与通信卫星相比，遥感卫星均为低轨中小型卫星，其具有成本低、发射费用低、无轨位限制等特点，成为国内外商业卫星市场新的增长点。尽管目前市场份额较小，但增长势头强劲，预计市场规模会迅速扩大，出口份额也会逐渐增加。

此外，政府部门仍然是遥感卫星产业最大的买家，政府需要购买更多的遥感影像以满足国家对于科学研究、天气预报、监控土地和海洋资源的需要，但遥感影像的商业销售依然是企业最有意义的事。数字地球公司和空客防务与航天公司的数据表明遥感影像的商业市场规模正在增大，商业销售额是他们最重要的基础。

基于对历年全球遥感卫星制造市场规模、商业遥感数据和增值产品市场规模的分析以及对遥感卫星的产量、遥感卫星应用的领域、巨头企业等的分析，全球遥感卫星市场规模增大势头强劲，预计市场规模会不断扩大。

预计 2018—2022 年，全球商业遥感卫星市场将保持高速发展的态势。年均复合增长率将有望达到 10%以上。预计 2022 年，全球商业遥感卫星市场规模将达到 114.3 亿美元，其中商业遥感卫星制造市场规模将达到 55.5 亿美元，商业遥感卫星数据和增值产品市场规模将达到 58.8 亿美元，如图 7－1 所示。

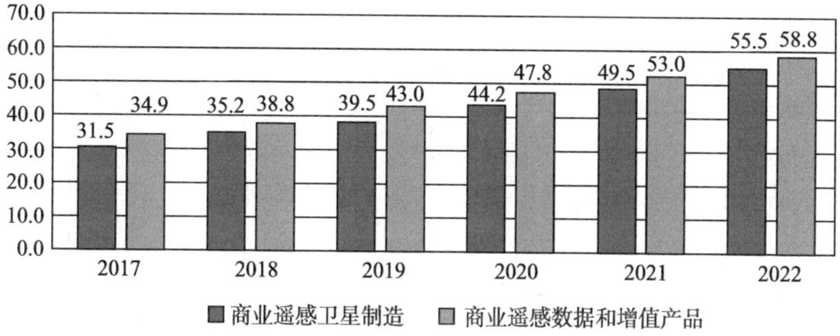


图 7－1 2018—2022 年全球商业遥感卫星市场规模预测（亿美元）

资料来源：高端装备产业研究中心。

（2）全球商业通信卫星市场规模预测

在商业通信卫星制造市场方面，欧美仍占绝对优势。绝大多数商业通信卫星的承建业务由欧美制造公司开展。

用电推进替代化学推进，使商业通信卫星中的全电推通信卫星的市场规模呈继续增长趋势，从而减小发射质量。目前涉足该领域的制造商包括波音空间与情报系统公司、洛·马空间系统公司、劳拉空间系统公司、空客防务与航天公司、泰雷兹阿莱尼亚航天公司等。与此同时，以色列航空航天工业公司（IAI）也宣布进入全电推行业，推出阿莫斯-E 通信卫星产品，一种质量不到 2 t、可携带 10～20 路转发器的小型电推进通信卫星平台。

预计 2018—2022 年，全球商业通信卫星市场将继续呈现出以下特点：

1）传统低轨系统更新换代速度快，新兴星座计划持续火爆；

2）高通量系统发展迅速；

3）欧美在商业通信卫星制造市场仍占绝对优势；

4）全电推通信卫星市场活跃度将继续变高。

预计 2018—2022 年，全球商业通信卫星市场将继续稳健发展，复合增速将达到 6%左右。2022 年，全球商业通信卫星市场规模将达到 1 590 亿美元，如图 7-2 所示。

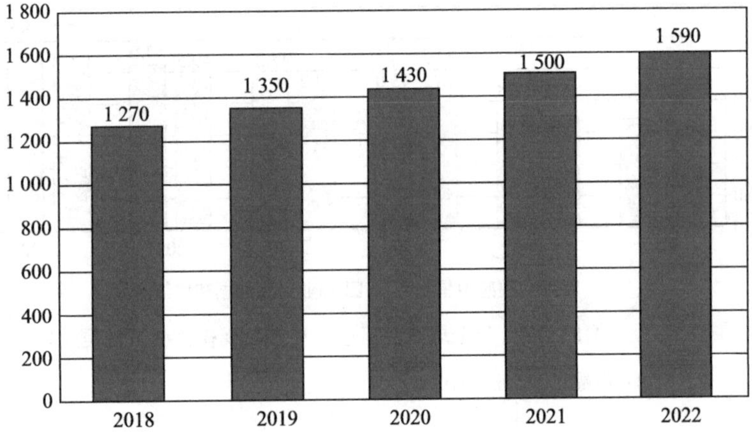


图 7-2　2018—2022 年全球商业通信卫星市场规模预测（亿美元）

资料来源：高端装备产业研究中心。

# 第 8 章　国外重点商业航天公司

## 8.1　国外商业运载火箭制造商

### 8.1.1　SpaceX 公司

美国太空探索技术（SpaceX）公司是由 PayPal 早期投资人埃隆·马斯克（Elon Musk）于 2002 年 6 月建立的美国太空运输公司，是唯一一家于 2010 年 12 月首次完成航天器发射升空进入低地球轨道后返回等一系列活动的私营企业。SpaceX 公司开发了可部分重复使用的猎鹰-1、猎鹰-9 和猎鹰重型运载火箭，同时开发了龙（Dragon）系列的航天器。SpaceX 公司主要设计、测试和制造内部的部件，如梅林（Merlin）、“红隼”（Kestrel）和 Draco 火箭发动机。

在运载火箭方面，SpaceX 公司已有猎鹰-1、猎鹰-9 和猎鹰重型火箭。这些运载火箭都采用 50 吨级推力的梅林-1 发动机，其中猎鹰-1 火箭安装 1 台，猎鹰-9 火箭的第一级则并联安装 9 台。目前最新研制的猎鹰重型（Falcon Heavy）运载火箭是猎鹰-9 火箭的变体，猎鹰重型运载火箭一子级采用 27 台梅林-1D 发动机，是当前世界上发动机数目最多的火箭，其设计也可以携带人进入太空，具有执行月球或火星载人飞行任务的可能性。美国东海岸时间 2018 年 2 月 6 日 16 点 45 分，重型猎鹰运载火箭携带一辆红色 2008 款特斯拉 Roadster 跑车，成功发射升空，这是重型猎鹰运载火箭的首次试射。重型猎鹰运载火箭自身的超强性能和绝佳的性价比打破了多项世界纪录，成为目前现役火箭中运载能力最强的一款火箭。

其航天器产品为龙飞船，与猎鹰-1、猎鹰-9火箭一样，都是以可重复使用为理念对其进行设计的。龙飞船于2012年首次发射，成为历史上第一个向国际空间站运送货物并将货物安全送回地球的商业航天器，也是目前世界上唯一能把大量货物运回地球的飞船。2013年3月3日，在成功排除推进器故障之后，美国SpaceX公司的龙飞船与国际空间站进行了对接。2017年7月3日上午，SpaceX公司的龙飞船胶囊返回舱成功返航，成为同类产品中第一个第二次重复使用从太空返回地球的飞行器。

SpaceX公司以一种全新的思维方式、发展理念、商业模式、技术应用方式参与市场竞争，为商业航天事业发展注入了新的活力，并将美国商业航天推向了新的高度。

（1）形成“跨界融合＋平台共享”的思维方式

通过十几年的发展，SpaceX公司形成了基于互联网广泛应用所形成的跨界融合以及平台共享的两大思维方式。近几年，“互联网＋航天”的跨界融合已成为航天领域新的发展趋势，商业航天企业充分运用跨界融合思维颠覆了传统航天发展思路，因此，跨界融合思维使商业航天的“低价可靠、平台共享、敏捷快速、专注极致”得以实现。SpaceX公司的平台共享思维方式，在利用NASA这个优势平台上得到了充分体现。SpaceX公司在发展中大量使用了NASA的专利、成熟的可靠技术以及测试台等设备设施，从而弥补了自身的薄弱环节。

（2）形成“价格低廉＋高可靠＋快速响应”的发展理念

此外，SpaceX公司强调低廉价格、高可靠和快速响应用户需求理念的统一，如猎鹰-9火箭的标准发射报价为0.56亿美元，约为美国同类火箭发射的1/3；猎鹰重型火箭发射报价约为1亿美元，同级别的重型德尔它-4火箭则高达3.5亿美元。SpaceX公司十分重视产品的高可靠性，在产品的每一阶段都要进行严格的系统检验，并在关键部件上有多重备份，如猎鹰-9火箭第一级采用9台发动机以防意外。同时，该公司还特别强调火箭的快速发射能力。其他公司的火箭发射周期至少为 2 个月，而猎鹰系列火箭的发射准备周期只有 2 个星期。

(3) 建立“低成本＋互联网＋灵活高效”的商业模式

SpaceX 公司创新多种商业模式，其中最为显著的特征是强调低成本和基于互联网的灵活高效应用。

SpaceX 公司的成功离不开国家和政府部门的支持。如在技术上，NASA 对 SpaceX 公司转移了大量的技术，猎鹰系列火箭的“灰背隼”发动机就是采用了阿波罗计划登月舱下降级发动机的喷管技术，同时把自己的核心技术骨干人员转移给 SpaceX 公司，使之得以迅速发展；美国空军夸贾林群岛的里根陆军试验中心发射场、范登堡空军基地的 SLC－40 发射场提供给 SpaceX 公司用于发射猎鹰系列火箭。在经济上，2008 年，SpaceX 公司从 NASA 的商业补给服务（CRS）项目获得了 16 亿美元的经费；2014 年 12 月，SpaceX 公司等 4 家美国公司获得了 NASA 的《商业太空能力合作协议》等。2015 年 11 月 25 日，NASA 宣布 SpaceX 公司获得订单，发射太空船运载航天员前往国际空间站。2017 年 5 月 1 日，SpaceX 公司首次涉足军事领域，从肯尼迪航天中心成功地将高度机密的侦察卫星发射升空。

### 8.1.2　轨道 ATK 公司

轨道 ATK 公司（Orbital ATK）是由原轨道科学公司（Orbital Sciences Corporation，OSC）与阿连特技术系统公司（Alliant Techsystems，ATK）于 2015 年 2 月 9 日合并后成立的新公司，是一家全球航太与国防系统公司，生产火箭、卫星及其他航太与国防系统。轨道 ATK 公司提供太空发射载具与推进系统、战术导弹与国防电子、卫星与太空系统、精密武器、武装系统与弹药、商业与军事飞机结构及其他相关零组件。轨道 ATK 公司年收入约达 44 亿美元，储备合同总额超过 150 亿美元，其下辖 3 个主要集团公司，分别为飞行系统集团、国防系统集团、航空航天系统集团，如图 8－1 所示。

图 8-1 轨道 ATK 公司下辖的 3 个主要集团公司

飞行系统集团主要提供固体火箭推进系统和特种能源产品，是民用、国防和商业中小型运载火箭的领先提供者。其主要火箭产品包括以下型号。

（1）飞马座火箭

飞马座（Pegasus）火箭是世界上唯一投入使用的空射入轨火箭，由飞机带到约 12 000 m 处的高空并于高空发射。它于 1990 年首飞，能够携带高达 443 kg（977 lb）的小型有效载荷进入低地球轨道。飞马座火箭是第一个私人开发的运载火箭。

（2）牛头怪火箭

牛头怪（Minotaur）火箭是美国发展的一系列固态燃料运载火箭，是 LGM-30 义勇兵导弹以及 LGM-118A 和平守护者导弹这两种洲际弹道导弹的改良版。该型号火箭使用民兵导弹的发动机作为第一级和第二级，并使用飞马座 XL 火箭的上面级和整流罩。由于采用了改进的航空电子设备系统，其性能得到了改善。由于牛头怪火箭依靠政府提供的火箭部件，因此该型火箭的商业任务竞争能力有限，主要为美国国防部发射小型实验卫星。

（3）安塔瑞斯火箭

安塔瑞斯（Antares）火箭第一节使用 RP-1 与液氧作为推进剂，并在内部安装有两部 Aerojet 公司参考俄罗斯 NK-33 火箭发动机研发并销售的 AJ26 火箭发动机。轨道科学公司为了能够获得第一级火箭的轨道发射经验与大型液态推进剂使用等技术，与乌克兰南方设计局签约以获得天顶号运载火箭相关设计来作为参考。

安塔瑞斯火箭于 2013 年根据 NASA 商业轨道交通服务（COTS）协议，为国际空间站（ISS）提供商业补给服务，但轨道 ATK 公司与 NASA 签订的国际空间站商业补给服务合同将于 2020 年到期。在这之前，轨道 ATK 公司每年需向国际空间站发射 2 到 3 次天鹅座（Cygnus）货运飞船。

此外，轨道 ATK 公司的航空航天系统集团为商业、军事、科学和国际客户提供用于通信、成像、科学和国家安全空间应用的中小型卫星和先进的空间系统产品。其研制的 GEOStar™ 地球静止轨道（GEO）卫星是业界最畅销的中小型通信卫星，用于 2～8 kW 的任务，可用于宽带、电视广播、移动通信、业务数据网络和其他电信任务。轨道 ATK 公司也是商业成像卫星设计生产的行业先锋。

轨道 ATK 公司还是世界领先的空间和地球科学及国家安全空间任务的中小型航天器供应商之一。在过去 30 年，为科学调查和防务任务设计和建造了 80 多架航天器，其中天鹅座货运飞船通过 NASA 商业补给服务公司负责为 ISS 运送补给物资。目前轨道 ATK 公司正在为国家开创新型高灵敏度的小型飞船。

轨道 ATK 公司还是卫星组件的主要供应商，为所有类别的卫星提供动力、推进、结构支持和热控制系统。其产品几乎用于美国过去 20 年内建成的每一颗卫星。

轨道 ATK 公司多与 NASA、美国空军等国家部门进行商业合作，得到政府的商业航天资助和技术扶持。美国国家侦查局于 2016 年 12 月授予轨道 ATK 公司 2920 万美元的发射合同，在未来 2 年用牛头怪-Ⅰ火箭执行发射任务，这是轨道 ATK 公司与空军签署发射合同后获得的第一份合同。且轨道 ATK 公司正与美国空军联合投资，以公私合营方式研制新系列运载火箭，计划最早可在 2020 年用于卫星发射。

### 8.1.3 空客赛峰运载火箭公司

空客赛峰运载火箭公司（ASL）是欧洲空中客车公司（Airbus）和法国赛峰集团（Safran）50/50 平股的合资企业，其 3 个核心业务分别是航空航天（推进系统和设备）、国防和安全。该公司集合了 2 家集团公司在太空运载火箭领域的先进研制技术及资源，负责维持阿里安-5 运载火箭的出色质量和可靠性，同时研制阿里安-6 新型运载火箭，以提高欧洲航天运载火箭业务竞争力。

（1）阿里安-5 运载火箭

随着自 2003 年以来的一系列成功发射，阿里安-5 运载火箭已经在政府机构和商业运营商中建立了世界领先的商业发射地位。阿里安-5 火箭从第一次发射成功后即进行改良，由其衍生的型号有 G、G+、GS、ECA 及最新的 ES。阿里安-5 ES 火箭的主要功能是将自动运载飞船送至国际空间站，阿里安-5 ES-ATV 运载火箭可将 21 000 kg 的酬载物送至低地球轨道。

（2）阿里安-6 运载火箭

阿里安-6 运载火箭是公司由 ESA 批准研制的最新低成本运载火箭，由于采用小尺寸和全新技术，发射成本将比阿里安-5 火箭低 30%，以更高的效率和具有竞争力的成本适应新的市场变化。该火箭采用 A62 和 A64 配置，以达到卫星发射市场的设计预期。这 2 种配置将用于发射地球同步转移轨道的普通与重型卫星，A62 配置采用 2 个助推器，将负责为欧洲空间局发射科学卫星，预算造价不到 7 600 万美元；A64 配置采用 4 个助推器，旨在发射 2 倍的有效载荷，据报道其成本不到 1.26 亿美元。阿里安-6 火箭预计将于 2020 年首次发射。

ASL 公司目前的首要任务是研制阿里安-6 运载火箭，其低成本也是为了与美国 SpaceX 公司的猎鹰-9 火箭竞争商业火箭发射市场。阿里安-6 火箭研发的主要资助商是 ESA，其研制工作是“未来运载器准备计划”的执行任务之一。阿里安系列运载火箭近 10 年来一直在国际商业卫星发射市场上占有较大的份额，运载能力适中、经济性和使用性好的阿里安-6 火箭正是为了保持阿里安系列火箭在未来国际商业卫星发射市场的主导地位而研制。

### 8.1.4　萤火虫航天公司

萤火虫航天公司（Firefly Aerospace）成立于 2017 年 3 月，是一家位于得克萨斯州奥斯汀的私营航空航天公司。该公司正在开发用于商业发射的中小型运载火箭，其目标是通过创新技术增大进入太空的机会，从而降低发射成本，减少与依赖国家空间机构相关的法规和后勤限制。萤火虫航天公司致力于研发一种低成本火箭，能够向低地球轨道发射不超过 1 000 kg 的小型卫星。目前正在研发的小型火箭有 Firefly Alpha 与 Firefly Beta（Firefly Alpha 测试版）火箭。Firefly Alpha 火箭主要技术指标见表 8－1。

**表 8－1　Firefly Alpha 火箭主要技术指标**

| | | | | | |
|---|---|---|---|---|---|
| 高度/m | 29 | 第一级 | 4 掠夺者 1 | 第二级 | 闪电 1 |
| 直径/m | 1.8 | 直径/m | 1.8 | 直径/m | 1.8 |
| 级数 | 2 | 推力/kN | 736.1 | 推力/kN | 70.1 |
| 载荷/kg | LEO 1 000<br>SSO 600 | 推进剂 | RP－1/LOX | 推进剂 | RP－1/LOX |

Firefly Alpha 火箭旨在满足迅速发展的小型卫星市场的需求，能够为低地球轨道（LEO）提供 1 t 的运载服务，研发目标是向 500 km 的太阳同步轨道（SSO）提供 600 kg 的运载服务。Firefly Alpha 火箭将每月发射两次，客户可根据此发射频率合理安排他们的时间表。萤火虫航天公司利用先进的碳纤维复合材料制造 Firefly Alpha 火箭整个机身，包括最先进的无衬垫低温推进剂贮罐。这种复合材料由于具有高强度、低密度和可定制的材料特性而非常适合于运载火箭的结构。这使得 Firefly Alpha 火箭能够比类似的金属火箭负载更重的有效载荷。

Firefly Beta 火箭是一种基于 Firefly Alpha 火箭技术研发的重型

火箭，能够向 200 km 低地球轨道运送 4 000 kg 载荷，并具有实现地球同步传输轨道的能力。Firefly Beta 火箭同样采用碳纤维复合材料制造机体，对于 LEO 4 000 kg 及以下载荷的所有运载火箭，其每千克成本最低。Firefly Beta 火箭主要技术指标见表 8-2。

**表 8-2　Firefly Beta 火箭主要技术指标**

| | | | | | |
|---|---|---|---|---|---|
| 高度/m | 31 | 第一级 | 12 掠夺者 1 | 第二级 | 闪电 2 |
| 直径/m | 最大 2.8 | 直径/m | 1.8 | 直径/m | 2.8 |
| 级数 | 2 | 推力/km | 2208 | 推力/kN | 163 |
| 载荷/kg | LEO 4 000<br>SSO 3 000 | 推进剂 | RP-1/LOX | 推进剂 | RP-1/LOX |

### 8.1.5　ARCA 航空公司

ARCA 航空公司是一家航空航天公司，创立于 1999 年，总部设在美国新墨西哥州的拉斯克鲁塞斯，主要制造太空火箭以及其他用于太空探索的有人驾驶飞机和无人驾驶飞机。该公司研发的火箭主要有哈斯 2B、哈斯 2C、哈斯 2CA 等。

哈斯 2B 是用于太空旅游的单级亚轨道火箭，它可以将乘员舱和服务舱运送到亚轨道。机组舱和服务舱与大型多级超级哈斯轨道火箭相同。2013 年 8 月，在新墨西哥州阿拉莫戈多举行的美国国家航空航天局 DC-X 会议上，ARCA 航空公司展示了哈斯 2B 火箭的更新版本，其能够将五名乘员送入太空。

哈斯 2B 火箭主要由复合材料制成，液氧罐由 304L 不锈钢制成，后端是 Executor-2（执行者-2）火箭发动机，海平面推力为 23 kN，发动机以液氧和煤油为推进剂。火箭发动机顶部是复合煤油罐，复合加压球放置在火箭机体的中间，液氧罐位于助推器的顶部。服务模块位于载有五个 Venator（复仇者）发动机的载人舱下方。四个横向发动机可以用作逃生系统，而中央发动机可以用作第二级发动机，以在增压器分离之后增加太空舱的高度。哈斯 2B 火箭主要技术指标见表 8-3。

**表 8－3　哈斯 2B 火箭主要技术指标**

| 名称 | 参数 |
|---|---|
| 长度 | 16.3 m |
| 直径 | 2.4 m |
| 净质量 | 4 020 kg |
| 发射质量 | 14 120 kg |
| 海平面推力 | 23 kN |
| 最大有效载荷 | 2 600 kg |
| 飞行时间 | 244 s |
| 最大高度 | 160 km |

哈斯 2C 是用于商业有效载荷发射的轨道火箭，有两种计划的火箭版本：一种是能够将 50 kg 有效载荷送入预定轨道，另一种是能够将 400 kg 有效载荷提升到预定轨道。ARCA 航空公司设计了一个 18 m 长的单级火箭，总质量为 510 kg，推重比为 26∶1，有效载荷为 50 kg。

哈斯 2CA 能够将 100 kg 的载荷运送至近地轨道，单次发射价格为 100 万美元，于 2018 年在约噢克格进行了首飞测试。该火箭装配有 Aerospike 发动机，可产生 225 kN 的海平面推力及 328 kN 的真空推力。

### 8.1.6　世代轨道发射服务公司

世代轨道发射服务公司成立于 2011 年 4 月 25 日，总部位于佐治亚州亚特兰大，专注于为小型有效载荷提供发射服务。世代轨道发射服务公司正在开发 GOLauncher 火箭，这是一系列高速太空发射系统，旨在降低发射成本，提高响应速度，提高整体任务灵活性。

GOLauncher－1 火箭目前正在开发中，其将为高超声速飞行试验和亚轨道发射提供经济实惠的推进动力。与传统的固体增压器解决方案相比，GOLauncher－1 的液体推进系统可最大限度地提高性能和任务灵活性。

GOLauncher－1可以辅助研究人员开展高空微重力、天体物理学、超声速测试和航空电子设备研究。2014年7月20日，GOLauncher－1使用Learjet－35（利尔喷气机）进行了第一个专属携带平台测试飞行。

GOLauncher－2火箭是一种空射两级轨道火箭系统，通过将公务机与消耗性火箭级相结合，GOLauncher－2能够将46 kg的小型有效载荷运入低地球轨道。目前该公司采用改进的湾流Ⅳ公务机作为GOLauncher－2火箭的飞机平台。GOLauncher－2火箭的目标是纳米卫星和立方星市场，整个发射的价格低于300万美元。

全液体GOLauncher－3 mini火箭目前正处于初步设计阶段，目标是通过利用像DC－10这样的大型运输级运载机，将150 kg有效载荷运送至太阳同步轨道（SSO）。GOLauncher－3 mini火箭的单次发射价格约为500万美元。

全液体GOLauncher－3 heavy火箭目前正处于初步设计阶段，是GOLauncher系列火箭中推力较大的一个。增大火箭的推力能够降低每千克有效载荷的发射成本，GOLauncher－3 heavy火箭能够以低于30 000美元/千克的价格将500 kg的载荷运送至太阳同步轨道。

GOLauncher Next是该公司研制的下一代概念运载器，能够将1 000 kg的有效载荷运送至太空，或者在全球范围内快速运送3 000 kg的货物。GOLauncher Next具有先进的联合循环推进系统，是可重复使用的运载器，目标是显著降低太空发射和超高速点对点（PTP）飞行成本，具有极大的灵活性与可操作性。

### 8.1.7 向量发射公司

向量发射公司于2016年在亚利桑那州图森市创立。向量发射公司采用碳纤维等轻量材料及3D打印等技术来制造火箭，希望未来能实现每年100次的发射频次，为客户提供低成本、高频次的火箭发射服务，以便快速响应市场需求。向量发射公司在成立不久就获得了 100 万美元的种子天使资金，并于 2017 年获得了 2 100 万美元的再融资。2016 年，约克太空系统公司与向量发射公司签署了 6 000 万美元的发射协议，任务是将六颗卫星送入轨道。

Vector - R 是向量发射公司的小型火箭，高 13 m，直径 1.2 m，其整流罩为传统的两件式设计，能将最大 66 kg 的有效载荷送至太空。该火箭第一级为 3 个 LP - 1 发动机，推力为 832 kN，能将火箭带到大气层边缘。该火箭第二级为 1 个 LP - 2 发动机，推力为 4.45 kN，能将客户的有效载荷送入预定轨道。

Vector - H 与 Vector - R 类似，高 18.3 m，直径 1.2 m，能够运载最大 150 kg 的有效载荷。该火箭第一级为 6 个 LP - 1 发动机，推力为 178.5 kN。该火箭第二级为 1 个 LP - 3 发动机，推力为 51.5 kN。

### 8.1.8 PLD 航天公司

PLD 航天公司（PLD Space）于 2011 年创立，是一家开发可重复使用的高性价比运载火箭的西班牙公司。该公司正在开发两种火箭：Arion - 1 和 Arion - 2，旨在为客户提供低成本的小卫星发射服务，目前已获得 1 000 万美元的投资。

PLD 航天公司正在开发 Teprel 系列发动机，其使用煤油和液氧作为推进剂。2015 年，该公司对 Teprel - Demo 发动机原型进行首次测试，目的是检测燃烧稳定性、点火和关闭、发动机的压力和温度、发动机推力等参数。此外，该公司还对推进测试设施中的所有相关硬件和软件进行了检测。该发动机能够在海平面产生 28 kN 的推力。2017 年，该公司对 Teprel - A 发动机进行首测，该发动机相较 Teprel - Demo 进行了多项升级，例如改进了喷油器几何形状和再生冷却系统。该发动机能产生 32 kN 的推力。Teprel - B 是 Teprel 系列发动机的第一个飞行版本。该公司对其改进了若干设计以减重，并且为其配备了推力矢量控制系统。

Arion - 1 火箭是 PLD 航天公司开发的一种能实现亚轨道飞行的两级火箭，长 12.5 m，直径 0.7 m，发动机为 Teprel - B，使用液氧和煤油作为推进剂。该火箭可以将 200 kg 的有效载荷送至亚轨道。Arion－1 火箭旨在用于微重力环境或高层大气中的科学研究或技术开发。

Arion－1 火箭配备了恢复系统，使 PLD 航天公司能够恢复和重复使用整个运载火箭，它将成为欧洲第一个可恢复的运载火箭。该火箭发射 145 s 后进入微重力环境，于 270 s 进入最高点 153 km 处，于 396 s 离开微重力环境，整个飞行过程持续 12.5 min，最后采用降落伞进行减速回收。

Arion－1 火箭预计将在 2020 年中期进行首飞，然后在年底进行第二次试飞。商业订单服务将从 2020 年开始。Arion－1 火箭预计每年将提供最多 8 次的亚轨道发射服务。

大约 70%的 Arion－1 火箭技术被用在 Arion－2 火箭上。Arion－2 火箭长约 21 m，直径 1.2 m，能够将 150 kg 的有效载荷运送至 400 km 的低地球轨道。该火箭的第一级将能够重复使用。Arion－2 计划于 2020 年年底首飞，于 2021 年开始商业发射服务。

### 8.1.9 林工业化公司

林工业化公司是俄罗斯一家初创公司，成立于 2014 年，也是俄罗斯唯一的私人空间运载火箭开发商。该公司开发小型卫星运载火箭，主要产品是系列模块化微型运载火箭。

Taymyr（泰迈尔）运载火箭作为一种消费级火箭，能够以 60 000 美元/千克的价格为顾客发射纳米卫星和微型飞机，最大有效载荷为 LEO 180 kg，交货周期最长 3 个月。Taymyr 运载火箭使用简单廉价的推进剂供应子系统代替昂贵的涡轮，可以大大简化运载火箭设计及其气动液压方案，提高可靠性并降低开发成本。虽然这样会让火箭更重，但是以轻质复合材料代替金属的方案可以解决这个问题。该火箭使用基于 MEMS 陀螺仪的创新飞行控制系统，在为飞行提供足够精度的同时，也能进一步降低成本。该火箭使用过氧化物和煤油作为推进剂，这些推进剂不需要硬件承受极低的温度并且无毒、环保。

Aniva（安尼维）是一个两级液体火箭，总质量 7.3 t，高度 11.06 m，直径 1.25 m，能将 90 kg 的有效载荷发射到近地轨道。安尼维火箭主要面向微型及小型卫星发射市场。

Aldan（阿尔丹）运载火箭重 8.1 t，总长度 14.4 m，直径 1.2 m，能将 100 kg 的有效载荷运送至近地轨道，采用对环境安全的推进剂提供动力。该火箭主要面向微型及纳米型卫星发射市场。阿尔丹火箭的发射准备费用为 20 万美元，单次发射成本为 120 万美元，近地轨道有效载荷成本为 12 000 美元/千克。

Adler（阿德勒）运载火箭重 60 t，总长为 28.1 m，第一级直径 2.4 m，采用 RD－108A 发动机，第二级直径 1.86 m，采用基于 RD－108A而改进的发动机。研发该火箭的目的主要是为了降低微型及纳米型卫星的近地轨道发射成本。该公司在未来有意将第一级火箭设计为可重复使用。该火箭的发射准备费用为 100 万美元，发射成本为 400 万美元，近地轨道运输成本约为 5 750 美元/千克。该公司还研制了成本更低的阿德勒- 2 火箭，发射准备费用为 100 万美元，发射成本为 400 万美元，近地轨道运输成本约为 4 000 美元/千克。

### 8.1.10　星际技术公司

星际技术公司是日本第一家私人航空公司，于 2003 年创立，公司主要产品为 MOMO 火箭，旨在提供小型卫星发射服务。

MOMO 火箭高 10 m，直径 0.5 m，质量 1 t，能将 20 kg 的有效载荷送至 100 km 的轨道，单次发射费用约为 44 万美元。MOMO 可以携带各种实验设备和观察设备进入太空，最高可达120 km，在火箭发射 340 s 后打开降落伞进行减速回收。

2017 年 7 月 30 日，MOMO－1 火箭发射 66 s，距地 20 km 时失去控制，致使发射失败。2018 年 6 月 30 日，MOMO－2 火箭在日本北海道发射升空，约 4 s 后发动机意外停机，火箭落回了发射台，当场发生爆炸。

### 8.1.11 加拿大箭头航天公司

加拿大箭头航天公司是一家私人航天公司，于 1999 年在加拿大安大略省创立。该公司主要开发载人火箭，提供太空旅游服务。

其火箭外形是基于久经考验的 V-2 火箭进行设计的。火箭总长 16.5 m，第一级长 10.2 m，直径 1.7 m，由一个液体推进剂火箭发动机推动。它产生 254 kN 的推力。点火后大约 1 min，推进剂耗尽，发动机关闭。火箭的第二级长 6 m，底部直径 1.7 m，由四个 JATO 型固体火箭发动机驱动。火箭将从地面垂直发射，初始推力约为 75.5 kN，随后迅速达到最大推力。55 s 后，推进剂耗尽并发生阶段分离。第二阶段的固体推进剂火箭发动机被点燃并将太空舱升至约 112 km 的高度，乘员将在那里经历几分钟的失重。

在下降过程中，乘员舱（第二级）计划使用降落伞以减小其速度。当它的速度减至亚声速时，第二级的降落伞包将被释放并拉出三个降落伞。第二级火箭与太空舱构成一个逃生系统，四个固体火箭发动机可以随时启动。在紧急情况下，它可以迅速将第二级火箭与第一级分开并将其推进到 1.5 km 的高度，然后弹出降落伞减速降落。

## 8.2 国外商业航天发射公司

### 8.2.1 阿里安航天公司

阿里安航天公司（Arianespace）是一家法国跨国公司，成立于 1980 年，是世界上第一家商业发射服务供应商。它承担了阿里安计划的生产、运营和营销。该公司提供的主要运载火箭是阿里安-5（Ariane-5）重型火箭，联盟-2（Soyuz-2）中型火箭，织女星（Vega）轻型火箭，在法属圭亚那航天港和拜科努尔航天发射场运营其发射服务。

阿里安航天公司的联盟-2 是俄罗斯研制的运载火箭型号，也使用其改进版联盟- ST 火箭来提供发射服务。织女星轻型火箭则是意大利航天局和欧空局共同研制的运载火箭，旨在发射小型有效载荷（300～2 500 kg 卫星），可将 1 500 kg 的航天器带到极地轨道 700 km 的高度。待阿里安- 6 火箭研制完成，阿里安航天公司将使用阿里安- 6 火箭为用户提供发射服务。

自 20 世纪 80 年代以来，欧洲航天企业成为商业航天大潮中的领导者，阿里安航天公司的商业发射业务占据了世界头把交椅，它的成功取决于其发展模式。

1）不断增加服务火箭类型并降低成本。由于欧洲的火箭价格偏高，引进了俄罗斯性能可靠又成本较低的联盟- 2 火箭（俄罗斯火箭的发射次数虽多，收入却远低于欧洲）。然而，近几年来，美国凭借自己的航天技术优势，扶植新兴民营航天企业 SpaceX 公司，逐渐取得成效，正在逐渐抢占阿里安航天公司的世界航天市场。因此，阿里安航天公司将阿里安- 6 火箭的发射成本降低，低于 SpaceX 公司的猎鹰- 9 火箭，以挽回原属于自己的商业市场。

2）在经营模式上，阿里安航天公司将把其商业服务延伸到实施发射之前的阶段，从初步设计阶段就为其用户的项目提供支持。采取企业家式的投资方式，这种合作还可能促成正式的合作伙伴关系。

### 8.2.2　俄罗斯国际发射服务公司

国际发射服务（ILS）公司是美俄合资企业，是由美国洛·马公司和俄罗斯的赫鲁尼切夫国家航天中心（Khrunichev）、能源火箭航天集团（Energia）合作于 1995 年成立的，总部设在美国。但 2008 年，洛·马公司出售了其公司股权，现 ILS 公司是 Khrunichev 旗下企业。ILS 公司是全球领先的卫星发射服务商，提供完成卫星发射服务和支持涵盖任务管理和在轨交付。ILS 公司在全球范围内独家使用质子号火箭提供商业发射服务。

目前，ILS 公司提供发射服务的运载火箭主要为采用微风上面级的三级运载火箭——质子/微风 M（Proton Breeze M），并于 2016

年12月推出了两个改型——质子中型（Proton Medium）和质子轻型（Proton Light）火箭，均为两级，两者计划分别在2018年和2019年首飞。这是质子号火箭家族的最新型号，由Khrunichev研制。此外，ILS公司还将安加拉-1.2火箭发射服务推向低地球轨道（LEO）和太阳同步轨道（SSO）的全球市场。

ILS公司是美国与俄罗斯之间最成功的冷战后经济合作之一，占全球商业空间市场的30%，为双方都带来了丰厚的收益，且直接为美国和俄罗斯政府提供航天发射服务。但之后洛·马公司退出，与波音公司合资了联合发射联盟公司，于是ILS公司成为不折不扣的俄罗斯企业，归到赫鲁尼切夫航天中心旗下。至此，俄罗斯赫鲁尼切夫航天中心形成了一条从研发到发射的产业链。而赫鲁尼切夫航天中心又是俄罗斯联邦航天局（Roscosmos）的下属企业，因此，ILS公司的主要服务对象也是俄罗斯国家政府。但ILS公司并未被政府垄断，仍旧保持与其他国家的商业发射合作，俄罗斯的质子/微风M火箭于2010年年初进入双星发射服务市场，采用“1颗俄制卫星+1颗商业卫星”的方式提供双星商业发射服务，卫星质量为1～2 t，年发射次数为1次左右。但近年来，受到俄罗斯火箭事故频发、航天工业改革以及西方因俄乌危机对俄工业制裁的影响，俄罗斯质子-M火箭的商业发射市场份额严重下降，年发射次数将从7～8次减少至3～4次，预计2025年退役，之后将由安加拉-A5火箭替代。

### 8.2.3 欧洲发射服务有限公司

欧洲发射服务有限公司是由空客赛峰运载火箭公司和赫鲁尼切夫国家航天中心（Khrunichev）合资的企业，成立于1995年，使用Rockot系列运载火箭为机构和商业卫星运营商提供低地球轨道（LEO）卫星发射服务。

Rockot火箭最初是在俄罗斯SS-19洲际弹道导弹基础上改制而来，型号有Rockot-KM，采用Breeze-KM（微风）上面级，能够从俄罗斯普列谢茨克航天发射场向低地球轨道（LEO）发射

2 140 kg 的有效载荷。这种发射系统特别适用于发射太阳同步、近极地和高度倾斜轨道的中小型航天器。该火箭也可采用一箭多星形式。

欧洲发射服务有限公司拥有空客赛峰运载火箭公司 51%的股份和赫鲁尼切夫国家航天中心 49%的股份，并将两家母公司提供的阿里安和质子号运载火箭的技术资源和专有技术有机地整合起来，形成了自己独一无二的组合。欧洲发射服务有限公司不仅获得空客赛峰运载火箭公司的大规模投资，还得到俄罗斯和德国政府的政治保证，可提供全面的国际标准发射服务。

## 8.3 国外商业卫星制造商

### 8.3.1 劳拉空间系统公司

劳拉空间系统（Space Systems/Loral，SSL）公司是加拿大麦克唐纳·德特威勒联合（MDA）公司的全资子公司，为政府及商业客户设计和建造卫星和航天器系统。其产品包括用于数据网络的高功率直接到户广播卫星、商业气象卫星、数字音频无线电卫星、地球观测卫星和点波束卫星等，是卫星行业的领导者。

从 1960 年推出世界首颗卫星 Courier－1B 起，SSL 公司已经制造了超过 250 颗卫星，提供超过 2 000 年的在轨服务。美国政府租赁的商业转发器中约 25%承载在 SSL 公司的卫星上。除了卫星，SSL 公司还是国际空间站电池 10 多年来的独家供应商，并向美国政府提供了各种航天器系统，包括旅行者探测器上的天线和 GRACE 卫星上的测距系统等。

劳拉空间系统公司一直与美国政府保持合作关系，以获得美国政府的大批订单和计划项目合同。如 2015 年 8 月，获得美国国防部高级研究计划局（DARPA）授予的一项合同，用于研究地球静止轨道通信卫星在轨机器人（RSGS）组装技术。该项目名为“蜻蜓”，旨在实现尺寸更大、能力更强、目前无法在组装完成后装入标准运载器整流罩发射的通信卫星。在该项目上，劳拉空间系统公司与DARPA以公私合营方式研发地球静止轨道通信卫星在轨机器人组装技术，不仅可以节约经费，还可利用双方现有成熟技术加速研发，且SSL公司将拥有并运营RSGS服务航天器，为政府和商业卫星提供服务，对政府卫星则接受在轨服务有打折优惠，还能得到商业卫星在轨服务数据。

### 8.3.2 泰雷兹阿莱尼亚航天公司

泰雷兹阿莱尼亚航天（Thales Alenia Space）公司是法国Thales公司（67%）和意大利Leonardo公司（33%）之间的合资企业，是欧洲最大的卫星制造商。泰雷兹阿莱尼亚航天公司的产品包括军事卫星、高分辨测量卫星、通信卫星、气象卫星、光学卫星、科学实验卫星等，还是国际空间站的主要供应商之一，也是空间探测系统的提供者。2016年，该公司的合并收入约达24亿欧元。

泰雷兹阿莱尼亚航天公司不仅是欧洲政府各航天项目的主要承包商，在国际商业卫星市场上，泰雷兹阿莱尼亚航天公司主要以代理模式为其他国家提供卫星，如2010年，铱星公司与欧洲泰雷兹阿莱尼亚航天（TAS）公司签署了下一代铱星（Iridium NEXT）星座81颗卫星的研制合同，总价值22亿美元，TAS公司作为主承包商负责卫星的设计和制造工作；中国香港的亚太7号卫星也在泰雷兹阿莱尼亚航天公司定制等。

### 8.3.3 美国行星实验室公司

美国行星实验室公司是美国地球成像私人公司，成立于2010年。该公司负责鸽群卫星星座的Triple－CubeSat立方体微型卫星的设计和制造，每个鸽群地球观测卫星以3～5 m的光学分辨率连续不间断地扫描地球，并通过地面站发送数据，提供完整的地球图像，收集气候监测、作物产量预测、城市规划和灾害响应等相关信息。

随着2015年7月对黑桥公司（BlackBridge）的收购，美国行星实验室公司有 87 颗鸽群卫星和 5 颗 RapidEye 卫星运行在轨道上。2017 年 2 月，印度的一箭 104 星任务中又增加 88 颗鸽群卫星。2017 年，谷歌公司将其子公司 Terra Bella 和天空卫星星座一同出售给了美国行星实验室公司。

美国行星实验室公司是美国新兴的商业卫星应用公司，在产品、投资、服务和生产等方面均采用与传统企业迥然不同的经营模式。公司采用私人风险投资模式，为客户提供卫星遥感服务。公司将航天产品与服务同互联网技术结合，不断推动卫星应用与信息通信技术（ICT）深度融合，以航天产业链下游为发展重心，以卫星运营和应用业务为主，并非以传统的交易卫星盈利，而着力发展数十颗小卫星或数百颗微纳卫星从而构成超大型星座，以此方式降低系统建设成本，并以此为平台，瞄准全球范围的大面积、广域覆盖需求，发展面向大众用户的卫星应用服务，投资回报率高，价值增值性强。

美国行星实验室公司与天空盒子成像公司类似，产品方面从按需订购、等待交付向实现快速访问转变。公司以大数据、云计算等 IT 前沿技术为驱动，尝试全新的遥感数据分发与应用模式，并提供云服务平台，鼓励用户或第三方开发专业化应用 APP，力图在移动互联网时代实现天基遥感应用的实时响应和定制化服务。尤其是借助 2015 年 7 月对 BlackBridge 公司的收购，公司快速向新领域扩张，获得了超过 100 家的分销商销售网络和遍及全球的用户群体，以及快眼星座 6 年来获取的全球图像的海量存档数据，图像分辨率为 5 m，约 600 亿平方千米。这些数据使得行星实验室公司成为能够在互联网上提供全球最大的商业卫星图像数据集的公司之一。

# 第9章　商业航天市场前景

## 9.1　商业航天需求分析

### 9.1.1　商业卫星需求

商业航天是以市场为直接导向，采用商业盈利模式的航天活动。从国际上来看，航天领域已经逐步形成军用、政府、商业三足鼎立的情况。

近年来我国在航天领域大力推动军民融合发展，鼓励民间资本和社会力量参与航天活动，商业航天也迎来“春天”。目前我国各方面提出的商业卫星计划令人眼花缭乱。据粗略统计，正在实施或已经披露的计划有十几个，发射卫星总数达500余颗，通信与遥感卫星大约各占一半。

根据欧洲咨询公司2015年发布的研究报告，2015—2024年全球将制造发射1 400颗卫星，在卫星制造和发射上将会产生2 550亿美元收入。其中，政府部门依然占据主导地位，但40家商业航天公司预计也将在10年间制造发射550颗卫星。“十三五”期间，我国卫星及应用产业如下：

1）卫星通信。卫星电视直播应用成为产业发展重点，我国约有1.7亿户家庭卫星电视直播的市场需求，是卫星通信最有潜力的市场。宽带多媒体卫星及其应用将得到发展，我国将自主研制静止轨道Ka频段卫星，卫星宽带接入在未来10年将稳步增长。卫星移动通信广播市场潜力巨大，我国全球卫星移动通信系统的潜在用户数量达到1 300万，公众用户产品年市场容量为110亿元，通信服务市场营业收入年增长率可到10％～15％。

2）卫星导航。北斗生态产业链将继续建设完善，预计到 2020 年，我国卫星导航与定位服务产业用户规模将成为世界第一。随着推动北斗进入国际民航、海事、移动通信等标准化组织步伐加快，北斗系统将实现与其他全球导航定位系统的完全兼容，充分与世界接轨。

3）卫星遥感。社会各领域对于遥感的需求推动着遥感应用走向综合化的发展趋势，遥感应用将逐步深入大众生活。同时，数据源分辨率向高空间、高时间、高光谱方向发展，遥感应用需求不断往广度与深度方向发展，卫星遥感在防灾减灾、环境监测、城乡规划、资源勘探、精准农业等领域的应用将大为深化，基于遥感数据的商业化应用和增值服务也将得到发展。

4）科学试验。科学试验至少占据航天经济的 10%，为了对航天任务急需的新技术进行先期试验，同时开展空间环境探测与空间科学研究，中国在刚开始研制卫星时，就开始发展了科学探测与技术试验卫星系列。我国首颗量子科学实验卫星于 2016 年 8 月发射，在世界上首次实现卫星和地面之间的量子通信，构建一个天地一体化的量子保密通信与科学实验体系。未来我国将发展新型科学卫星与技术试验卫星。

### 9.1.2　商业卫星制造

#### 9.1.2.1　低成本卫星研制和发射

商业通信卫星制造领域最重要的发展趋势是系统研制成本的下降，在传统通信卫星制造领域，高吞吐量卫星（HTS）和全电推进是近几年的发展热点，其发展的背后均是运营商面临的成本压力。高吞吐量卫星能够大大降低卫星的容量使用成本，全电推进技术能够减少卫星携带的推进剂，减小发射质量，降低发射成本，增加卫星的在轨服务寿命，或携带更多的有效载荷。欧洲下一代通信卫星平台“新星平台”（NEOSAT）的发展目标为降低成本，由此可见，降低成本是通信卫星制造发展的重要趋势之一。

初创航天企业在这样的发展路径上走得更快，他们开始使用非航天级别的商业现货部组件，重建并简化产品制造流程，以降低研制成本，减小卫星的发射质量，选择更具性价比的卫星发射方式。大规模卫星星座的发射有利于批量采购部组件，进一步降低成本。这使得集成商们可以更加信任他们的制造过程，在提高可靠性的同时降低了对验证环节的需求，因为传统卫星制造商们对卫星开展的各项测试与验证是最耗时也是最“烧钱”的环节。

未来，通信卫星产业要想真正步入“爆发期”，卫星成本是最为关键的因素。一位商业投资者曾表示：“成本的降低意味着投资者对于风险的容忍度提高了，如果需要 3 亿美元制造和发射一颗卫星，那就完全不允许失败、不能冒风险，甚至不愿意尝试新技术。但如果系统成本降低到上千万美元，投资者就会愿意进行各种尝试。”从产业发展来看，未来通信卫星产业将与其他高科技产业一样，沿着“成本降低→用户增加→成本继续降低→用户快速增加→人均成本降低到普及水平→用户数量大爆发”的路径快速发展，最终实现利润的大幅提升。

#### 9.1.2.2 短时间的卫星交付周期

传统的 GEO 通信卫星的交付周期一般在 24～36 个月，虽然卫星交付周期不是产业发展的关键制约因素，但一些运营商已经提出希望能够将交付周期缩短至 12 个月。因此，能够缩短交付周期并且保证产品质量的制造商，在竞争中将会占优势。对于运营商来说，更短的交付周期能够使其更快地回收投资，实现收支平衡，对于市场格局也了解得更明确；对于制造商来说，更短的交付周期能更好地帮助制造商优化设施和人员配备。

新兴航天企业多采用小卫星，这是因为小卫星项目一般都比传统卫星项目研制周期短，而大型卫星项目则需要较长的周期才能实现。同时，小卫星项目还可以轻易地转移目标，更加适应瞬息万变的市场需求。从技术上来看，一个比较明显的例子就是增材制造（3D 打印）技术，3D 打印从计算机辅助设计（CAD）模型开始，利用传统打印机逐层打印的概念，形成最终产品。如今这已不仅仅是一个概念，一些产品的价格因应用 3D 打印技术而大幅下降。

行星实验室公司就是一个典型案例。该公司计划打造一个低轨立方体卫星星座实现对地球的快速重访，分辨率能够达到 3～5 m，该星座称为鸽群（Flock），单颗卫星称为鸽子（Dove）。该星座由数百颗卫星组成，然而并不是重复同一设计，而是分批设计、分批建造，每批建造的卫星可以消除上一批建造卫星在技术上的不足，同时也能够根据市场需求进行改进和调整。行星实验室公司将这样的星座发展方式称为“及早发布，经常发布”（Release Early，Release Often）。

另一大趋势是模块化和标准化。这主要源于两方面的动力：一是发射限制。立方体卫星要求多星集成发射，如开始使用多皮星轨道部署器（P-POD）标准，这样的模块化标准为多星发射提供了机会，以及在小卫星领域对标准和接口的广泛认可；第二个推动力来自供应商体系，小卫星容易实现规模生产，但是需要部件在一定程度上具有互操作的能力，从而卫星制造商能够降低研制和集成成本，典型案例是能够从公开的网站上直接浏览或者购买立方体卫星部组件，并且标有明确的价格。

#### 9.1.2.3　市场化消费的商业模式

在过去的数十年里，传统卫星制造的商业模式可以简述为卫星运营商出钱购买制造商的产品和服务。初创航天企业在商业模式上也与传统卫星企业有着明显的区别，传统卫星企业则更加关注机构用户（例如商业公司和政府机构），初创企业则更加关注个人消费者。融资模式也有所不同。在传统卫星领域，由于所需资金量较大，众筹很少出现，而初创企业则可以采用众筹、天使投资等一般性的融资方式。例如，安德鲁卫星公司（AdruSat）成功地获得了来自 Kickstarter 众酬网的投资，最终取得了一定成功，即如今的斯派尔公司（Spire）。

除了寻求外部投资，一些初创企业也积极开展对外投资和对内投资。例如，新千年航天系统公司（Millennium Space System）启动了一项名为“引导程序”(Bootstrap）的计划，该计划主要为提升航天系统能力的新想法和概念进行投资。2014 年夏天，该公司开展了一项创意征集活动，并保证会协助涌现出来的前 6 佳创意进行融资，如果认为足够好的话，也会直接投资。

#### 9.1.2.4 融合发展式卫星制造

将小卫星领域涌现出来的先进经验、技术和商业模式融入传统卫星制造中去已经成为一种趋势。国外传统卫星制造商已经开始显示出对小卫星的重视，并且给予了大量的资金支持。其中最著名的例子就是空客防务与航天公司于 2009 年收购了英国萨瑞卫星技术公司（SSTL)。另一个例子是波音公司于 2013 年推出的幻影凤凰(Phantom Phoenix）卫星平台是由其下属的幻影工作部设计完成的。幻影工作部主要致力于创新系统样机的研究。

对于传统卫星制造商来说，与初创企业合作或者收购初创企业都是可行的途径，大型制造商可以利用他们在资本和经验上的优势来帮助初创企业发展，而初创企业也在这样的合作氛围中获得进入市场的资源，包括商业/市场关系、技术和基础设施。例如，新加坡的 ST 电子公司（ST Electronics）与轨道 ATK 公司合作，诺格航天系统公司（Northrop Grumman Aerospace System）与内华达山脉公司（SNC）合作。这样的合作既可以帮助初创企业在市场上获得一席之地，也可以将新的技术和创意用于传统航天领域，持续提高企业的竞争力。

#### 9.1.2.5 小卫星制造更受青睐

对于商业卫星制造业的发展来说，美国太空探索技术公司(SpaceX）的总裁埃隆·马斯克（Elon Musk）宣布了一项雄心勃勃的卫星互联网计划，将在西雅图开设一个卫星制造工厂，在未来 5 年内研制 4 000 颗低地球轨道（LEO）卫星，提供全球互联网接入服务，并宣布获得了来自谷歌公司（Google）和富达投资公司

(Fidelity Investment) 10亿美元的投资。

三十亿人网络公司（O3b Networks）的创始人格雷格·怀勒（Greg Wyler）创办的一网公司（OneWeb），也提出了类似的全球互联网接入计划，部署650颗运行在LEO的小卫星，为家庭和移动平台提供互联网接入服务。预计卫星制造、发射和保险成本为15亿～20亿美元，已获得来自高通无线技术公司（Qualcomm）和维珍银河公司（Virgin Galactic）的投资，卫星计划于2017年开始发射。

与此同时，谷歌公司还在实施一个名为潜鸟（Loon）的计划，将用同温层气球通信来替代卫星通信。谷歌公司对太空探索技术公司的投资并未拖延它对潜鸟计划的进程。脸书公司（Facebook）总裁马克·扎克伯格（Mark Zuckerberg）表示对互联网全球接入有兴趣。

自20世纪90年代以来，光纤和无线蜂窝通信等地面通信基础设施的快速发展，大大压缩了商业卫星通信的发展空间，卫星通信产业一直处于“填隙”的地位，虽然保持了增长趋势，但规模非常有限。在此前的数年，也出现过“泰利迪斯”（Teledesic）和“天空之桥”（Skybridge）这样的卫星互联网计划，但却由于市场竞争和经费的原因不得不“胎死腹中”。而此次由全球最具发展潜力的互联网公司提出的卫星互联网计划，大大改变了人们对商业卫星市场的预期，卫星商业市场发展前景一片光明。

## 9.2　民营商业航天公司发展建议与启示

### 9.2.1　商业航天成功发展的原因

#### 9.2.1.1　国家的政策与技术支持

美国实施鼓励、支持商业航天发展的国家政策。近年来，其发布的《美国国家航天政策》《美国国家航天运输政策》均提出要发展商业航天，促进创新，提升美国航天产业的国际竞争力，要求最大限度地采购商业航天产品与服务，满足政府需求。完善的空间立法为商业航天活动提供了法律保障。美国在商业发射、卫星导航、通信、遥感等领域均有明确的法律规定。通过法律条文，明确了市场主体的进入条件、行为准则、法律责任与权利。

在实施过程中，注重与时俱进，不断地完善政策、法律法规，促进美国商业航天能力提升。例如，在商业遥感领域，美国先后 4 次修正商业遥感政策及法案，允许商业公司向市场销售的光学卫星图像分辨率由 1 m 提高到 0.5 m，现在又提高到了 0.25 m，雷达遥感卫星图像的分辨率由 3 m 提高到 1 m，显著增强了美国商业遥感卫星在世界遥感市场的竞争力。

除了在政策、法律层面的支持保障，美国还给予商业航天直接的物资和技术支持。国家地理空间情报局通过卫星图像采购预付费的形式，为商业航天公司研制高分辨率遥感卫星以提供经费支持。NASA 直接开放了阿波罗计划的部分技术给 SpaceX 公司，并向其提供发动机测试台和发射场，如“梅林”发动机就采用了阿波罗飞船登月舱下降级发动机的喷管，猎鹰 9 号火箭在范登堡空军基地发射。在猎鹰 9 号研制过程中，NASA 还直接给予其技术指导，从而大大降低了研发难度。

除了对民营航天公司提供资金支持外，NASA 还利用自身技术优势加强对 SpaceX 等公司的技术指导，通过直接派驻技术人员和专利转让等方式帮助其发展和验证关键技术。例如，NASA 帮助 SpaceX 公司开发了新的粘接材料，解决了猎鹰 9 号一级火箭外壳上防热层因低温而脱落的难题，为其实现火箭重复使用目标提供了技术支持。

#### 9.2.1.2 超前的运营理念和简约化的组织结构

随着科技革新的加速和生产管理水平的提高，如今的高科技产业正在经历产品性能持续提升而价格不断下降的过程，然而航天产业仍旧沿袭着 40 多年前的发展模式，即航天产品和服务价格居高不下。因此，SpaceX 公司希望在提高航天产品可靠性的同时，将航天产品和服务价格下降一个数量级，以此改变航天产业的发展现状。

在运营模式上，SpaceX 公司秉承着简约、低成本和高可靠的运行模式，不遗余力地发展火箭与飞船的重复使用技术，通过对内缩减管理层级、对外尽量减少产品外包的方式，在降低费用成本的同时，简化了决策制定和传递的流程，以此加快生产研制进度，提高效率。SpaceX 公司打破了以往航天发动机、电子设备、导航系统、地面支持设备等分系统由不同研制单位分别承担的传统生产模式，转而独自承担绝大多数火箭和飞船的设计、研发和生产的关键核心工作。这种看似有悖于现代专业化分工的生产模式却是 SpaceX 公司降低成本的关键。通过这种涵盖主要分系统的一体化生产模式，SpaceX 公司能更好地优化统筹火箭与飞船的生产流程，建立了设计团队和生产团队之间更加紧密和快捷的信息反馈机制，为 SpaceX 公司精确管控产品质量提供了可能性。

NASA 的前任局长格里芬曾坦言，庞大的政府机构是造成美国载人航天计划成本高昂、效率较低的主要原因。为了避免组织机构庞大所造成的成本虚高状况，SpaceX 公司自成立之初就着力建立简约的组织结构。简约的组织结构却承担了火箭和飞船庞大系统的生产和经营工作，由此也反映了 SpaceX 公司在科学管理和成本控制方面的突出特点。

#### 9.2.1.3　以先进的经营思想降低成本

SpaceX 公司的企业使命是：发展宇宙空间探测火箭和飞行器，持续提高航天运输系统的可靠性和成本效率，铸就世界领先的航天服务公司。为了实现企业使命，SpaceX 公司先进的经营理念是：简单、可靠、低成本。SpaceX 公司认为，越简单的系统就越可靠、越可重复使用，成本越低。作为新兴的私营航天企业，为了与垄断美国政府发射市场的联合发射联盟公司竞争，制胜的关键就是低成本。SpaceX 公司降低火箭发射成本的方法主要包括降低间接费用，在动力系统、箭体结构、电子系统和发射操作等方面采用新技术，见表 9－1。

表 9-1　SpaceX 公司降低火箭发射成本的方法

| 项目 | 方法 |
| --- | --- |
| 降低间接费用 | 实行扁平化、垂直一体化的产品管理模式，采用持股激励方法激发员工主人翁意识 |
| 动力系统 | 采用成本最低的液氧煤油推进剂、最简单实用的泵压式发动机 |
| 箭体结构 | 猎鹰系列火箭的一、二子级采用相同的结构设计，只有一个焊接工作站，降低了设计成本和生产成本 |
| 电子系统 | 采用全新的系统设计，大部分元器件都由自己研制生产 |
| 发射操作 | 采用成本最低的公路运输，以及火箭采用水平组装模式、在发射台上垂直起竖，火箭部件可快速更换 |

#### 9.2.1.4　精英的技术人才团队

随着知识经济时代的到来，人才越来越受到重视，谁有人才优势，谁就能走在发展的前列。以 SpaceX 公司为例，该公司尊重人才，积极搜寻人才。该公司的高管主要来自波音公司、麦道公司、洛·马公司和诺斯罗普·格鲁曼公司等，这些人在太空探索领域有着丰富的经验。格温·肖特维尔，曾担任微观公司太空系统部门主管，负责低成本火箭的开发工作，后在埃隆·马斯克多次拜访下决定到 SpaceX 公司任职。2009 年 6 月 26 日，SpaceX 公司宣布成立航天员安全和任务保证部，聘请了前 NASA 航天员肯·鲍尔索克斯担任公司副总裁并主管该部门，SpaceX 公司的推进系统负责人汤姆·穆勒曾在 TRW 公司研制液体火箭发动机，具有丰富的工作经验；测试系统负责人蒂姆·布扎作为德尔它-Ⅳ火箭的测试经理曾在波音公司工作了 15 年。数字地球公司的员工很大一部分是来自鲍尔宇航技术公司的对地遥感观测部门。SpaceX 公司也招募青年才俊，这是因为初出茅庐的年轻科学家敢于挑战权威、冲破极限。这些精英人才为公司快速发展做出了巨大的贡献。

商业公司通过市场招募能够获得来自波音、洛·马、诺斯罗普·格鲁曼等航天企业的业内精英，从而为商业项目的成功奠定了坚实基础。

### 9.2.1.5　具有特色的技术创新

民营公司在技术上体现出成熟与创新的特点，SpaceX 公司在成本控制上的成功并不意味着全盘使用老旧成熟技术，其在技术上的创新也同样出色。通过 NASA 的 CCDEV 计划的支持，SpaceX 公司在 9 个月的时间内完成了新型的 SuperDraco 发动机的设计、建造和测试工作。利用此发动机，SpaceX 公司为龙飞船设计了先进的发射逃逸系统，此系统大大提升了龙飞船的安全性，并使其能够在地球或者其他行星表面精确着陆。而且，不同于传统抛射式逃逸系统，当龙飞船遇到突发危险时，安装在龙飞船侧壁上的 8 台 SuperDraco 发动机能够瞬间输出 534 kN 的推力，使航天员能够在发射的全过程中都具有逃生能力，而不仅仅是在火箭点火后的最初几分钟。为了提高应急发射能力，SpaceX 公司的工程师为猎鹰系列火箭开发了新型液氧泵，以此将原来需要 90 min 的液氧加注时间缩减到了 30 min，从而使 SpaceX 公司向实现猎鹰 9 号在一小时内从仓库到点火发射的目标又迈进了一大步。

SpaceX 公司的技术革新还表现在其所倡导和大力发展的重复使用技术上。在 SpaceX 公司的发展规划中，不仅飞船，运载火箭也必须最终实现重复使用，这将是 SpaceX 公司节约载人航天成本的关键举措。SpaceX 公司希望在不远的将来，载人飞船能像现在的商业飞机一样实现起飞降落多次使用，人们只需在飞行前对飞船系统进行最低限度的维护即可。类似的技术创新在 SpaceX 公司发展历程中屡见不鲜，这是 SpaceX 公司能够在激烈的市场竞争中脱颖而出并具备长足发展后劲的一个重要原因。

### 9.2.1.6　繁荣的资本市场与市场竞争

繁荣的资本市场为商业航天发展提供了雄厚的资金支持。项目早期的硅谷风险资金介入，中期引进战略投资者或财务投资者，后期资本市场融资，都对商业航天的成功起到了巨大的推动作用。比如，地球眼公司的轨道观测-2 卫星和地眼-1 卫星以及数字地球公司的世界观测-2卫星都顺利通过私募股权筹集资金完成研制发射，现在开始募集资金开发“增强观测”计划的卫星。

在公司运营上，商业航天公司建立了现代企业机制，摒弃了传统航天企业烦琐的行政管理体制，简化了管理环节，充分发挥和调动了员工的积极性，使人力资源的整体效率达到最高。在产品研制方面，尽量采用成熟技术，降低研制风险，迅速推出产品占领市场，后又持续改进，不断推陈出新，扩大市场。例如，猎鹰9号火箭于2010年推出基础型V0版发射低轨的货运飞船，目前已发展到V1.1版，能够发射低轨到高轨的各类航天器，并以明显低于竞争对手的价格迅速占领了商业发射市场。

### 9.2.2 推进民营商业航天公司发展建议

#### 9.2.2.1 需要更加开放的技术市场

SpaceX公司从美国国家航空航天局低价获取成熟技术，而在国内，航天的军工色彩浓厚，火箭技术主要是军用技术，性质上属于国家军事秘密。军工企业受限颇多，不愿意转让或者难以向民企转让，从而导致民营航天企业难以获取“国家队”的技术授权。

#### 9.2.2.2 需要更加完善相关政策法规

商业火箭涉及火箭研制、发射实施、地面监控、残骸回收和陨落保障等诸多环节，如何确保发射轨道安全、谁来做安全性评估、谁来监测飞行距离等问题，都有待进一步规范和管理。应从国家层面制定商业航天法规政策，明确商业航天在国家中的地位和作用，指定专门机构对商业航天活动进行监管，使得商业火箭能够安全、有效地服务国家各行业。

从法律层面来讲，国内关于商业火箭方面的立法还处于缺位的状态。现行管理空间活动的法律法规主要有《空间物体登记管理办法》《民用航天发射许可证管理暂行办法》《中华人民共和国电信条例》《卫星电视广播地面接收设施管理规定》，还包括一些国土资源部颁布的卫星遥感的规章等，其他法律法规如《航天法》《卫星导航条例》尚处于制定中。值得一提的是，这些法律没有一部是专门规范航天发射活动的。

#### 9.2.2.3　需要积极开拓商业航天发射场地

“国家队”本身发射任务较多，现有的发射基地接近满负荷运转，商业航天发射场亟须规划建设。应当建设一批沿海发射场，形成沿海与内陆相结合、军用与民用相结合、高纬度与低纬度相结合、各种射向范围相结合的集常态发射、快速响应发射于一体的新型发射场体系格局。在建设投入上可以通过引导民营企业参与的形式，充分利用社会资本的投资优势，快速实现建设目标。

#### 9.2.2.4　需要统筹协调商业航天各领域发展

航天是系统性工程，火箭的商业化、卫星的商业化、运管的商业化等都需要系统的组织模式，目前发射、测控、地面服务等领域的发展程度差异较大，要做好各环节之间的衔接，保证火箭发射、卫星运行安全可靠。国家需要出台相关法律政策，规范商业航天活动，实现各相关领域的统筹协调发展。

### 9.2.3　国外民营商业航天公司发展启示

#### 9.2.3.1　小卫星发射商业化是大势所趋

针对小卫星发射市场，商业模式日趋灵活，从欧美目前的市场分析看，商业小卫星发射已成为不可逆转的长期趋势。商业小卫星发射业务在产品、投资、服务和生产制造等方面与传统航天发展思路不同，快速响应用户需求和以低廉价格赢得市场是商业航天快速崛起的根本。

萤火虫航天公司、美国火箭实验室公司等正是凭借其低成本发射获得了小卫星发射航天市场的青睐。航天一直都是高技术、高投入、高风险的事业，伴随着巨大成就的取得，其风险问题也日益凸显。如何把握商业航天低成本、快速响应与传统航天高质量、高可靠性之间的平衡点，成为了当前火箭发射商业化服务面临的重要问题。

#### 9.2.3.2 新的设计理念与生产组织模式是控制成本的关键

新一代的商业航天公司在产品的技术、生产与管理等方面主要特点如下。

（1）扁平化的组织结构

SpaceX公司、萤火虫航天公司等只有极少数中间管理层，在领导和底层员工之间绝不会超过两级，领导层和员工可以毫无阻碍地交流，并和所有的员工一样在格子间工作。这种管理模式极大地提高了公司内部沟通和运行效率，同时也减少了庞大的中间层级人员的开支。

（2）一站式生产

民营火箭公司走的是“转包+总装”之路。拿到订单后，商业火箭公司将组件订单分发到组件生产商，强化产品的协作配套，注重技术抓总，零组件交付后由商业火箭公司进行总装集成。这一模式避免了由于单一供应商所导致的木桶效应，并加强了公司在质量、成本和生产能力等多方面的竞争力。

（3）设计简约化

设计简约化是众多信息技术公司近年来的发展趋势，民营商业火箭公司也将这一理念植入到小型运载火箭中，极力主张产品线的简约以及部件的可重用和模块化。例如，其公司的小型运载火箭的二级贮箱在结构上是一级贮箱的缩短版，采用相同的工具、材料以及加工技术。模块化设计使得生产周期大大缩短，并提高了材料和部件使用效率

（4）装备现代化

这主要得益于企业小型化、年轻化的优势，例如美国火箭实验室公司的小型运载火箭。该公司从建立之初就走上了现代化先进制造之路，从CAD设计到数字化生产管理再到3D打印，一系列现代技术和工具使这些商业公司能够以最低的成本制造出质量有保证的

产品。与那些发射界的“老大哥们”不同，这些新晋公司的员工不用对付或者维护旧软件、旧设计标准，也不用为了迁移到新系统而费钱费力，这再一次体现了年轻企业的活力。

(5) 多种航天型号并举

商业航天公司在突破产品关键技术后，以新技术为起点开拓更多的产品，以争取更广泛的市场。SpaceX 公司完成飞船货运任务后，开始攻克火箭回收技术，以低发射成本开拓市场。蓝色起源公司突破大推力液氧甲烷发动机技术后，开发商业航天器，为太空游客提供亚轨道太空飞行，并为太空科学任务提供亚轨道发射服务。该公司开发的名为“维珍银河”的商业太空航线，整个航程时间约 3 h，飞行器将冲出大气层，然后在地球之外停留 3～4 min，届时乘客们可以看到地球的全貌，同时感受失重状态。

#### 9.2.3.3　政策与技术开放增强市场竞争的活力

在商业小卫星发射市场上，美国国家航空航天局、欧洲空间局在政策上支持私营企业的发展，旨在培育一个竞争的市场，使其稳固商业航天市场的领先地位，并最终实现整个航天工业的繁荣发展。在“简单、低成本和高可靠”的经营理念下，小卫星进入低地球轨道的费用大幅降低，研制时间大幅缩短。国家和政府从原来的服务提供方变成了服务的直接购买方，与私营企业的合作完全按照商业化的模式运行。这种商业竞争模式有力地促进了资源的最佳配置和商业航天的转型发展。虽然这些私营小型卫星发射公司羽翼尚未丰满，但它们的发展拉近了航天工业与社会的距离，其创新的管理模式和技术模式使得这个市场更加具有活力和竞争力。

#### 9.2.3.4　筹集社会资金、采用成熟技术、吸纳社会优质资源

商业航天公司的产品研制，要大力采用现有航天企业众多的成熟技术，避免技术上走弯路。很多产品可以直接从市场上进行采购，避免了耗时费力地开发。美国具有雄厚的工业基础和成熟的航天技术，商业航天公司可以容易地在市场上采购到成熟的火箭生产设备、

原材料以及货架式产品，如导航控制系统中的GPS定位仪、传感器、芯片等。猎鹰火箭的贮箱壳体使用的铝锂合金，其原来就是航天飞机外挂贮箱的材料。贮箱焊接使用的搅拌摩擦焊技术，在波音公司德尔它-Ⅱ运载火箭的贮箱生产上已经使用多年，并在工业焊接市场得到广泛应用。猎鹰系列火箭的导航控制软件系统，是在商业Linux操作系统上开发的，使用的电子元器件也多是成熟的商用产品。同时，要吸纳社会优质资源，为产品生产加工提供支撑，保证产品质量。

#### 9.2.3.5 动力是核心、可靠性是关键、低成本是主题

KZ-1A商业火箭500 km SSO运载能力为250 kg，发射服务报价4 500万元，已获得多颗商业卫星的发射任务。KZ-11火箭为四级固体火箭，700 km SSO运载能力1 t，发射服务报价6 500万，具有极强的竞争力。中国长征火箭有限公司完成捷龙一号的商业首飞。2019年10月19日，在北京召开了龙系列运载火箭发布会，正式推出捷龙系统固体商业运载火箭、腾龙系列液体商业运载火箭的研制计划和未来发射计划。

腾龙系列液体商业运载火箭未来设计有可重复使用能力，主要承担中大型卫星和较大规模星座组网的发射服务，力争将每千克载荷发射价格控制在5 000美元以内。

虽然我国的商业发展模式和工业基础与国外差别较大，但不可否认的是，商业航天将会是航天产业的重要组成部分，商业航天火箭公司应该认识到：

1）动力装置水平是商业航天火箭企业的核心技术。

2）航天型号研制需要的资金投入高而且需要承受任务失败带来的高风险，可靠性是航天活动永恒不变的主题。

3）在保证可靠性的前提下，为争取市场，终端发射市场有可能爆发价格战。发射价格将不以成本来计算，而交由市场决定；火箭公司发动机成本或者价格直接决定运载火箭的市场竞争力。

4）商业航天公司短平快的组织模式，相比于传统航天企业必须

具备低成本的优势，商业航天活动必将以高可靠和低成本为主题。

## 9.3 商业航天的前景

商业航天是航天技术应用水平发展到一定阶段和产业发展到一定规模的必然产物，国外尤其是美国商业航天的发展经验表明，政府政策推动与市场需求牵引在商业航天发展过程中起到了至关重要的作用。政府的扶持逐步释放了商业航天的发展空间，鼓励和促进了商业航天的快速发展。而最终支持商业航天可持续良性发展的是持续稳定的市场需求，是与经济社会发展和人民大众需求的紧密结合，是使企业可以按照市场规律发展商业航天产品和提供服务。

在商业航天几十年的发展中，商业航天市场经历了美国的一国垄断，也经历了各国竞相竞争，欧、美、俄三足鼎立，而现在私营企业的加入，为这一领域带来了一股重要的力量。虽然私营航天企业羽翼尚未丰满，但它们的发展拉近了航天工业与社会的距离，其创新的管理模式和技术模式使得这个市场更加具有活力和竞争力。百花齐放、百家争鸣，未来的商业航天新格局我们拭目以待。

### 9.3.1 全球商业卫星市场收入整体呈增长趋势

全球商业卫星市场业务收入整体呈增长趋势。目前，传统国际商业卫星公司巨头仍占据主流市场，但新兴商业航天公司前景广阔，数据服务与创新应用蓬勃发展。

### 9.3.2 可重复使用运载器仍然是发展方向

美国太空探索技术公司和蓝色起源公司在火箭助推级或一子级垂直起降重复使用技术领域不断取得突破，印度先后开展了重复使用运载器技术验证机飞行试验、吸气动力超燃冲压发动机飞行试验。欧洲持续推进单级入轨空天飞机——云霄塔（SKYLON）的研制。

运载火箭可重复使用技术途径可分为三类：利用火箭自身动力

系统垂直起降重复使用技术；采用无控降落伞（或可控翼伞）箭体回收重复使用技术；有翼飞回式水平降落重复使用技术。这 3 种回收与利用方式各有特点，均存在生存与发展的空间。

### 9.3.3　低成本和高可靠抢占商业发射市场

近两年，低成本的猎鹰-9 火箭一直是世界商业发射市场的香饽饽，但 2016 年在地面静态点火试验时发生爆炸，导致发射任务推迟，部分合同流失。可见，发射可靠性对火箭完成商业发射任务有重要影响。

世界航天大国均以低成本为目标开展下一代火箭研制，为进一步提升国际竞争力。欧洲阿里安-64 火箭按照运载能力折算，发射价格甚至低于猎鹰-9 火箭。俄罗斯在现有质子（Proton）火箭的基础上改进研制中型质子火箭，进一步抢占 5 t 甚至更小的地球同步转移轨道载荷发射市场。日本积极推进新一代 H-3 火箭的研制，降低火箭发射成本，缩短发射准备周期。H-3 火箭光杆构型发射成本是 H-2A 火箭的 50%，在未来国际卫星发射市场中将拥有相当的竞争力。

以 SpaceX 公司为代表的私营企业真正实现了航天发射的商业化，开创了商业航天领域的先河。20 世纪，对于提供商业运输系统的企业来说，无论是国有、公私合营还是私营企业，都由国家和政府提出任务要求，将产品研制与技术开发分包给他们，项目的最终风险由国家和政府承担。但是进入 21 世纪后，SpaceX 公司等一批私营企业依靠自己的力量，自主研制、运行商业航天运输系统，自主承担一切风险，不再像以前一样由国家和政府投资。国家和政府现在变成了服务的直接购买者，与私营企业的合作完全按照商业化模式运作。这种商业竞争模式有力地促进了资源的最佳配置和商业航天工业的转型发展。

总之，无论是从传统航天企业还是初创航天公司的发展模式的创新中都可以看出，建立适应市场经济规律的内部机制和运作模式是商业航天企业发展的根本。以市场需求、用户需求为导向，以提升盈利能力为目标，不断关注市场对航天产品和技术需求的趋势变化，根据不同用户需求提供有针对性的产品和服务，注重创新发展理念和商业模式、开发和运用新技术来降低成本和拓展市场。

商业市场需求推动了航天技术的进步，航天技术的进一步提升了商业航天的能力。不断谋求转型发展的传统航天企业与具备更高创新意识、创新效率、创新能力的商业航天公司，共同勾画并构建着商业航天市场令人期待的未来。

# 附录　国内主要民营商业航天公司介绍

## 1　北京蓝箭空间科技有限公司

### 1.1　公司简介

北京蓝箭空间科技有限公司（简称蓝箭航天）是国内首家从事火箭研制与运营的高新技术民营企业，立足于微小卫星应用产业爆发式增长所产生的商业发射需求，致力于研发具有自主知识产权的小型运载火箭，并建设完善火箭研制所需的核心基础设施，降低微小卫星商业航天发射的成本，提供可靠且高性价比的商业发射服务。

蓝箭航天借鉴传统航天成功的火箭研制经验，同时积极从研制模式、配套体系和先进技术上进行突破，核心产品是执行微小卫星发射、快速组网等任务的首选。

该公司核心竞争力有：

1）拥有自主研发的核心技术产品，该产品具有较强的竞争优势，拥有高门槛核心基础设施，研制进度可控。

2）大量先进技术和民营配套体系使得目标发射成本大幅下降，其产品成为全球发射成本较低的商业运载火箭之一。

3）其产品兼具高可靠、快响应、对发射场依赖小、环保成本低等优势。

### 1.2　组织结构

（1）精英管理团队

蓝箭航天是亚太地区最领先的液体火箭发动机、液体运载火箭民营企业，公司有160余人，平均年龄只有35岁。创始员工大多来国内航天体制内的技术骨干，科研人员在相关领域从业平均年限超过 10 年，核心研发人员具有多个型号运载设备的工程研制经验，并均具有高级职称。公司待遇优厚，研发岗位的硕士、博士占比 80%。

（2）两中心一基地的战略布局

蓝箭航天采用“两中心一基地”的战略布局，即以北京、西安为两个研发中心，以湖州为智能制造研究基地。

北京研发中心侧重于研发运载火箭和动力系统，是运载火箭研发、液体动力研发以及运营团队的根据地。其中，液体动力研发团队从事液体动力的发动机设计，主要是冷、热式技术研发工作，以满足发动机在研制过程中对试验技术的条件要求，为技术研发提供保障。运载火箭的技术研发覆盖总体、气动、载荷、环境、分离、增压输送、地面发射、低温加注等方面，专业技术要求极高。

西安研发中心侧重于动力和电气产品方向，包括系统、总装、涡轮泵等专业，具备大型液体火箭主发动机、姿轨控动力系统研发能力，可承担蓝箭航天液体火箭发动机等相关核心产品的研制任务。

湖州智能制造研究基地，是蓝箭航天液体火箭发动机及运载火箭的制造和总装工厂。其中包括动力全系统热试验平台、火箭总装厂房以及测试车间和发动机装配车间，可通过信息物理网络系统，实现计算、通信、精确控制、远程协调和自主生产五个功能。在生产制造过程中与设计、开发、生产有关的所有数据将通过传感器采集并进行分析，形成可自律操作的智能生产系统，进而全面提升质量管理和效率管理。

（3）社会融资

截至目前，蓝箭航天获得各类投资累计超过 6 亿元。2015 年，蓝箭航天获得创想天使基金千万元天使轮融资；2016 年获得由永柏资本、陕西金控资本等机构超过亿元的 A 轮融资；2017 年，获得西安市高新区投资基金数千万元 A＋轮融资。另外，浙江省湖州市还向蓝箭航天提供了超过 2 亿元的专项综合投资。

## 1.3　战略发展方向

（1）优选液氧甲烷发动机

在发动机推进剂方面，蓝箭航天没有选择目前世界上液体发动机常用的液氧煤油推进剂，而是直接选择了和 SpaceX 公司、蓝色起源公司正在研究的下一代发动机相同的液氧甲烷推进剂。甲烷具有成本低、获取容易、纯度高、比冲性能高、发动机试车后无需清洗等优点，可以重复使用 20 次以上，是商业火箭的理想推进剂。

相对于四氧化二氮加偏二甲肼这类常规推进剂，液氧甲烷不仅无毒安全，其黏度也远低于煤油。甲烷在雾化过程中会出现极为细小的液滴，这种状态非常有利于快速持续稳定燃烧；而对于液氧煤油、液氧液氢这类低温推进剂来说，液氧甲烷发动机的技术门槛相对较低，比冲更大、不易结焦，使得发动机复用变得更加现实；相比液氧液氢，它的密度是其 6 倍之高、体积更小，而且成本只有不到液氧液氢的三十分之一。最为重要的是，它是所有烃类燃料组合中，最不容易结焦和积碳的，这就为未来能够实现清洁环保、可重复使用的火箭发动机打下了坚实的基础。正是因为看到了液氧甲烷的优秀特性，所以蓝箭航天在研发伊始就把液氧甲烷发动机定为目标。

（2）角力中型运载火箭市场

市场数据显示，目前卫星制造、卫星应用出现了井喷式发展，但真正上天入轨的卫星仍远远跟不上地面的卫星规划及市场需求，核心原因在于运载火箭的总体运力距离卫星发射需求尚有较大距离。在 SpaceX 公司以大型火箭占得市场先机，美国火箭实验室、向量发射公司等以小型火箭对市场进行有效补充的形势下，适合进行微纳卫星组网、中小卫星组网及补网的中型火箭拥有了明显的市场机会。截至 2018 年年中，我国现有的各型运载火箭，共发射 278 次，其中 LEO 运力在 1.5 t 到 4 t 的中型运载火箭发射次数最多，占比 51%，国外各型运载火箭，共发射了 4 200 余次，其中中型运载火箭共发射约2 500次，占比约60%。世界各国对中型运载火箭的需求量是最大的。蓝箭航天打算角力中型运载火箭市场以获得最大的商业利益。2018年7月5日，蓝箭航天在北京发布了其自主研发的首款中型液氧甲烷运载火箭朱雀二号，同时发布的还有为火箭配套的80 t级液氧甲烷发动机“天鹊”。发布会上，蓝箭航天还提出了“商业航天的未来是中型运载火箭”。

(3) 研发“黄金推力区间”火箭发动机

蓝箭航天认为只有中型以上的液体火箭才能在商业发射市场生存并盈利，目前，俄罗斯的联盟号，美国的德尔它-Ⅱ，宇宙神-Ⅱ，中国的CZ-2/3/4系列，欧洲的阿里安-4，以及著名的猎鹰9号，这些世界范围内发射数量最多、市场占有率最高的火箭发动机的推力，均位于60～100 t这个区间。60～100 t推力被蓝箭航天称为“黄金推力区间”。处于该区间的火箭商业价值最大、研制难度适中、投入产出比高。

在发动机推力上，蓝箭航天选择了“80+10”的最优技术路线。其中80 t级发动机通用于火箭一级和二级，10 t级发动机通用于二级游机和三级。通过两型发动机的并联组合，向下可以覆盖单发的小型火箭，向上可以覆盖中型火箭、大型火箭，极限情况可以用于类似猎鹰9号的27台发动机并联的重型火箭。无论是从商业价值还是研制难度来看，都是投入产出比最高的一种选择。

## 1.4　公司核心产品

(1) 朱雀二号火箭

蓝箭航天自主研发的中型液氧甲烷运载火箭朱雀二号已经于2018年6月完成全系统设计工作，该款火箭为国内在研运力最大的民营运载火箭，计划于2019年完成全部地面试验，并于2020年首飞。同时，发布会上还公布了朱雀二号未来的系列化型谱及百吨级液氧甲烷火箭发动机的研发进度。未来，朱雀二号的拓展型火箭运力将有望超越SpaceX公司的猎鹰9号火箭。

朱雀二号液体运载火箭将是中国民营商业火箭领域第一款中型火箭，对标世界民营火箭公司研发的产品，朱雀二号的运载能力将达到世界第三、全国第一。此前其他的民营商业航天公司的产品都局限于运载能力不超过 1 t 的小型运载火箭，比如北京零壹空间科技有限公司的 OS－M1 火箭，运载能力仅有 205 kg/300 km 轨道高度，而朱雀二号的最大运载能力达到 4 t/200 km 轨道高度。

与世界上其他国家的民营航天公司火箭产品对比，朱雀二号的运载能力则排到世界第三。朱雀二号的推力室、涡轮泵、阀门等核心零组件已全面铺开生产。朱雀二号火箭参数见表 1。

**表 1　朱雀二号火箭参数**

| | | | |
|---|---|---|---|
| 高度/m | 48.8 | 起飞质量/t | 216 |
| 直径/ m | 3.35 | 起飞推力/t | 268 |
| 级数 | 2 | 推进剂 | 液氧＋甲烷 |
| 整流罩直径/m | 3.35 | 运载能力/SSO | 1 800 kg　500 km<br>1 500 kg　700 km<br>4 000 kg　200 km |

为了保障顺利生产，该公司在浙江自建的智能制造基地和百吨级液体发动机热试车台也将在 2018 年内陆续建成并投入使用。

（2）凤凰发动机

蓝箭航天首款发动机即采用液氧甲烷作为推进剂，代号“凤凰”。其最核心的结构推力室采用高温合金和碳纤维等耐高温材质，使用激光焊接技术，并利用 3D 打印成型，外壁使用特殊电铸工艺与内壁连接。这将保证在 3 000～4 700 K 的高温和 20 MPa 的高压下，推力室可以正常工作。

凤凰发动机最早于 2017 年 9 月完成推力室的设计，2017 年 11 月 30 日经评审通过点火试车方案，于 2018 年 1 月 22 日完成总装交付。2018 年蓝箭航天将完成百吨级凤凰发动机的研制，2019 年将完成生产交付，并获得发射许可，争取于 2020 年实现发射，正式商业化。10t 级凤凰发动机技术指标见表 2。

表 2 10 t 级凤凰发动机技术指标

| 名称 | 参数 |
|---|---|
| 真空推力/t | 10 |
| 推进剂 | 液氧＋甲烷 |
| 真空比冲/s | 350 |
| 喷口直径/m | 0.9 |
| 总重/kg | 350 |
| 总高/m | 2.5 |

此外，蓝箭航天也在优化发动机机构，希望能在下一代产品上把阀门数量减少一半，发动机重量再减轻 30%，降低成本，提升火箭的竞争力。蓝箭航天的凤凰发动机跟国家航天部门研发的增压混动发动机相比，在技术指标上有差距。但凤凰发动机的定位就是商业发动机，它不追求极高的技术参数，追求的是性能与成本的平衡；它不是去竞争世界比冲排名的，而是在商业上追求竞争力，能拿下市场。只有开放与成熟并举，才能按照蓝箭航天给自己设定的时间节点，早日实现商业化。液体发动机的技术难度决定了需要较长时间的研发，无论是国家科研机构还是大洋彼岸的蓝色起源公司、SpaceX 公司，液体发动机的研发均花费了 6～10 年的时间，蓝箭航天想要在 2018 年完成百吨级凤凰发动机的研制，可谓时间紧、任务重。

(3) 天鹊火箭发动机

天鹊火箭发动机有两个子型号，地面起飞版和二级用的真空版。地面版海平面推力 67 t，真空推力 78 t，真空版真空推力 80 t。发动机结构为燃气循环，涡轮泵采用双泵同轴设计。推力室、涡轮泵和发动机支架使用模块化设计，发动机推力矢量方式为泵后摆。天鹊火箭发动机的推力调节范围为 50%～100%无级变速。

蓝箭航天的发动机研发思路与 SpaceX 公司的梅林系列发动机类似，首先研发一款技术难度不高的主发动机，并且以不同的推力室设计取向来分别适应火箭起飞和真空飞行需求，通过一二级共享同型号发动机来降低成本。而初期发动机较为保守的技术状态，则以逐步迭代改进的方式来提升，最终实现增推、减重的目标。

天鹊火箭发动机无论是箭体设计，还是发动机选型，都体现了蓝箭航天的发展思路：首先保证能把卫星送入轨道，解决有无问题之后，再逐步着手改进火箭性能。蓝箭航天计划在未来将发动机推力提高 50%，火箭重量减小 30%，成本降低 50%。80 t 级天鹊火箭发动机技术指标见表 3。

**表 3　80 t 级天鹊火箭发动机技术指标**

| 名称 | 参数 |
|---|---|
| 真空推力/t | 80 |
| 推进剂 | 液氧+甲烷 |
| 真空比冲/s | 350 |
| 混合比 | 3.5 |
| 喷管扩张面积比 | 45 |
| 喷口直径/m | 1.5 |
| 总重/t | 1.3 |
| 总高/m | 3.6 |

（4）姿态控制发动机

姿态控制发动机主要用于运载火箭、导弹、弹头和各类航天器的滚转、俯仰、偏航控制，也用于推进剂沉底、突防、速度修正、轨道修正和位置保持等，是火箭发射、导弹武器系统精确打击以及航天器入轨、交会、再入、降落等不可缺少的动力组成部分。

蓝箭航天自主研制的 2 000 N 双组元轨控发动机已成功试车。该发动机作为某型号商用火箭姿轨控系统的关键单机，其研制成功为后续系统试车奠定了坚实基础；同时，也标志着蓝箭航天的液体动力团队继百吨级液氧甲烷火箭发动机研发成功后，又一次在液体动力系统工程化研制方面取得了重大进展。另外，以该型发动机为核心研发的姿轨控系统已达成近 2 亿元金额订单，提前实现了商业化。

目前，蓝箭航天高效完成了 50 N、200 N、1 200 N、2 000 N 及 3 000 N 等五种推力室，减压阀、电动气阀、电磁阀、加排阀、电爆阀、流阻平衡阀等六类 15 种阀门，15 L 气瓶以及 40 L、60 L、200 L 贮箱的方案论证及设计工作，在技术途径选择上，对于姿轨控发动机系统的重要组件，如推力室、减压阀、电动气阀及贮箱等，兼顾了成本、成熟性及技术先进性。

## 1.5　公司未来发展前景

蓝箭航天入驻湖州，湖州市政府不仅解决了厂房等产业落地需要的基本生产设施问题，还投入了超过 2 亿元人民币资金进行专项综合支持。在浙江，一系列政策、环境、产业和资本将为蓝箭航天在未来 3～5 年发展成为行业龙头企业提供充分保障。在距离火箭生产基地 20 km 的湖州美女山上，蓝箭航天还建设了一个液体火箭发动机试车台。蓝箭航天（湖州）智能制造研究基地的目标是可实现发动机每年产能 200 台，火箭每年产能 30 枚。

2017 年 1 月 13 日，蓝箭航天与丹麦 GomSpace 公司在杭州签订火箭发射服务协议，将于 2018 年使用运载火箭发射丹麦 GomSpace 公司的立方体卫星群。这是国内民营商业航天企业承接的第一笔国际市场商业火箭发射服务订单，具有重要意义。

早在 2018 年 5 月 28 日，蓝箭航天在欧洲索伦托举办的 2018 小卫星系统及服务大会上，展示了自主创新研制的液氧甲烷发动机和液体运载火箭，并与意大利 D－orbit 公司签署了发射协议，按照协议要求，蓝箭航天将以 Turn－Key（交钥匙）方式为 D－orbit 公司提供相关服务。随后，蓝箭航天代表团赴罗马访问了意大利 GAUSS 宇航技术公司。双方共同探讨了在意大利航天局新的管理模式下，蓝箭航天深度参与意大利航天业的模式以及双方未来可能达成的相关合作方向。

2018 年 8 月 2 日，搭载中国首枚民营运载火箭发射的商业卫星——“未来号”全系统设计图公布，拟定于 2018 年第四季度发射入轨。未来号卫星是蓝箭航天为央视综合频道《加油！向未来》第三季节目定制的微小卫星，它融合了空间在轨科普实验功能和对地遥感观测功能，是一颗空间科学和遥感综合用途微小卫星。这将是我国第一次实现全部由民营企业设计研制、生产制造，并由民营企业运营发射的“纯商业航天”项目，在中国航天历史上将具有划时代的意义。

蓝箭航天不断拓展国内外航天业务，对标火箭发射服务工作，和诸多高科技公司达成战略合作关系，将国际化合作落实到位。随着天鹊、凤凰和朱雀二号等核心产品的不断推进，以蓝箭航天为代表的商业火箭公司作为新兴航天参与力量，推动了整个航天产业的商业化进程，具有良好的发展前景。

# 2 北京零壹空间科技有限公司

## 2.1 公司简介

北京零壹空间科技有限公司（简称零壹空间）是一家主打航天器的科技公司，专注于为商用微小卫星等小型航天器提供专享发射服务。零壹空间于 2015 年 4 月开始筹备，同年 8 月正式注册成立。零壹空间积极响应国家“民参军”的号召，成功引入了优势社会资本进入运载火箭的研制领域，成为了哈尔滨工业大学联合社会资本在航天领域共同打造的创新创业平台。零壹空间主要开展三大主营业务：M 系列商业运载火箭，实现高频次、低成本、常态化的微小卫星入轨发射服务；X 系列飞行试验平台，为科研、运输提供运载器解决方案；电子和动力产品的配套及定制服务。

## 2.2 组织结构

（1）精英管理团队

自公司成立以来，迅速聚集了国内外知名高校的优秀硕博人才近 30 人。核心研发团队成员毕业于北京航空航天大学、北京理工大学、清华大学、中山大学等高校，并具有在中国航天科技集团有限公司、中国航天科工集团有限公司和中国航空工业集团有限公司等院所的型号研制经验。同时还聚集了航空、计算机、金融、汽车等各领域的优秀人才，打造了一支复合型火箭研发和运营管理队伍。

（2）战略布局

2016 年零壹空间落户重庆两江新区，从而在北京、重庆两点进行布局，形成了北京研发、重庆生产与总装的格局。从落户重庆两江新区，到 2017 年年底其研制的固体发动机试车成功，再到重庆两江之星号成功发射，从某种程度上看，零壹空间在重庆的发展史，也可视作两江新区，乃至重庆在商业航天领域的发展史。重庆两江之星号的成功首飞标志着我国首家民营航天企业具备“总体设计研发—分系统设计研发—总装测试—发射”的全流程型号研制能力。在包括零壹空间在内的合作伙伴共同推动下，重庆两江新区航空产业实现了从无到有、从小到大的发展，并开拓性地拓展了航天领域，累计引进项目近 20 个，引资超过 300 亿元。重庆两江新区的两江航投集团也出巨资支持零壹空间，通过引入以火箭技术为核心的技术创新业态，力图打造中国内陆地区高端产业新的增长级。2017 年 5 月，该公司与重庆两江航空产业投资集团共同投资组建了重庆零壹空间航天科技有限公司，将在重庆两江新区建设商业火箭智能制造基地。预计 2018 年年底建成投产，形成年产 40 发运载火箭的总装测试及试验能力。

（3）融资情况

2015 年 12 月 24 日，零壹空间获得来自春晓资本领投，联想之星、哈工大机器人集团联合投资的逾千万元天使轮融资，该千万元投资主要用于研发。2016 年 10 月，获得逾亿元 A 轮融资，哈工大机器人集团、正轩投资领投，春晓资本等跟投。2018 年 1 月 15 日，落户重庆两江航空产业园的零壹空间正式宣布完成最新 A＋轮融资，此次融资由前海梧桐并购基金领投，正轩投资再次增资，招商局创投、鸿泰基金、前海万得、通江资本等跟投。零壹空间从 2015 年 8

月成立至今，已累计获得5亿元融资。所募集资金主要用于OS－X系列火箭及OS－M系列火箭产品的自主研制、民营商业航天上下游产业布局与零壹空间总装能力建设等。接下来，该公司预计还将继续引入更多社会资本、央企资本和地方政府资本。其目前募股研制的资金，主要计划用于研制2型火箭，即OS－X系列火箭和OS－M系列火箭。

## 2.3　发展方向

（1）专注固体火箭发动机研制

固体火箭发动机主要由壳体、固体推进剂、喷管组件、点火装置等四部分组成，其中固体推进剂配方及成型工艺、喷管设计及材料与制造工艺、壳体材料及制造工艺是最为关键的环节，直接影响固体火箭发动机的性能。固体火箭发动机的性能主要看推力和比冲两方面。

液体火箭发动机是航天发射的主流，构造上比固体火箭发动机复杂得多，主要由点火装置、燃烧室、喷管、燃料输送装置组成。点火装置一般是火药点火器，对于需要多次启动的上面级发动机，则需要多个火药点火器，如美国战神火箭的J－2X发动机，就具备2个火药点火器实现2次启动功能，我国的YF－73和YF－75也都安装了2个火药点火器，具备了2次启动功能；燃烧室是液体燃料和氧化剂燃烧膨胀的地方，为了获得更高的比冲，一般具有很高的压力，即使是普通的发动机，通常也有数十个大气压之高的压力，苏联的RD－180等发动机，燃烧室压力更是高达250多个大气压。高压下的燃烧比常压下的燃烧更为复杂，同时随着燃烧室体积的增加，燃烧不稳定情况越来越严重，解决起来也更加麻烦。根本没有可靠的数学模型分析燃烧稳定性问题，主要靠大量的发动机燃烧试验来解决。美国的土星5号火箭的F－1发动机，进行了长达20万秒的地面试车台燃烧测试，苏联能源号火箭的RD－170发动机，也进行了10多万秒的地面试车台燃烧测试，在反复的燃烧测试中不断优化发动机各项参数，缓解不稳定燃烧现象。不过对于室压下低推力较小的发动机，不稳定燃烧现象不明显，不稳定燃烧是制约液体发动机推力增加的主要问题之一。液体火箭发动机燃烧室使用液体燃料或是氧化剂进行冷却，在它们进入燃烧室前，先流过燃烧室壁降温；液体发动机的喷管同样是拉瓦尔喷管，扩张段一般都是钟形，不过采用冷却式喷管，由液体燃料或是氧化剂进行降温。

相对于液体火箭发动机而言，固体火箭发动机具有结构简单、易实现大推力、可靠性高、发射操作简单、使用维护方便等优点。缺点是比冲小（也叫比推力，是发动机推力与每秒消耗推进剂质量的比值，单位为 s)。固体火箭发动机比冲在 250～300 s，工作时间短，加速度大导致推力不易控制，重复启动困难，从而不利于载人飞行。液体火箭发动机优点是比冲较大，推力可控，而缺点是结构复杂，可靠性差。据了解，目前入轨的火箭发射成本一般高于 6 000 万美元，而零壹空间的 X 系列火箭成本控制在了 1 000 万美元左右。

(2) 低成本小运载火箭的发射理念

零壹空间的运载火箭，主攻“小型运载火箭”。如今，在大型卫星发射的市场，SpaceX 公司占比已超过 50%。因此，零壹空间的目标市场，放在微小卫星上，也就是质量在 1 000 kg 以下的人造卫星系统。微小卫星已在通信、遥感、电子、侦察等领域获得了广泛的应用，它的发射，不需要大型火箭和大型发射场，可用小型火箭随时随地机动发射，因此很多国家已将其列入国家级研究。据不完全统计，按照国内相关公司规划，未来三年内将有近 1 000 颗微小卫星的发射需求。然而长期以来，中国火箭主要服务于军方及政府，对于如此多的发射需求，承担着载人航天、月球探索等战略任务的国家航天部门是难以照顾到的，从而导致其商业发射难以实行，大量微小卫星的发射需求也无法得到满足。此外，现有的发射费用一直居高不下。国际发射价格比较高，微小卫星基本上都是 3 万～5 万美元/千克。即便是在发射服务性价比极高的中国，发射成本也在 1.5 万～2 万美元/千克之间，对于民营卫星企业来说，这是一笔不小的费用。如果能降低发射价格，提高发射频率，简化发射流程，仅微小卫星的发射市场就可能达到千亿元级规模。虽然零壹空间现在的重心还是放在 X、M 两个系列产品上，但未来有可能拓展到卫星领域。

## 2.4 核心产品

(1) OS－X 系列飞行试验平台

OS－X 系列飞行试验平台是基于成熟技术研发的一款专注于航天高新技术研究的试验平台，主要为航天高新技术研究提供飞行试验服务。OS－X 系列飞行试验平台采用固体火箭发动机，该发动机推力达到 500 kN，具有强大的运载能力，能够为载荷实现 $Ma=0\sim20$ 的飞行速度；可以根据用户的需求进行定制设计，满足用户的各种需求，以弹道模式为例，其能够为用户实现再入、滑翔、巡航等多种弹道模式；采用模块化设计，成本低，可靠性高；提供全流程的发射服务，发射使用方便快捷。

产品优势主要有以下几个方面：

1) 快速响应。从订单到发射初期不超过 12 个月，在高频发射条件下不长于 3 个月。发射场准备时间短于 1 周。

2) 定制化服务。针对用户不同的验证目的，可以在载荷形式、种类、重量、接口形式、发射时间各个环节为用户提供设计方案和产品实物，完成所需的飞行验证并获取飞行数据。

3) 低成本。该公司拥有经验丰富的研制团队、高效的产品研制模式、批量化生产方式和商业化供应链体系，保证了产品质量，降低了成本。

2018 年 5 月 17 日 7 点 33 分，零壹空间研发的 OS－X 火箭重庆两江之星号在中国某基地成功点火升空。该火箭长度 9 m，总重 7 200 kg，全程在大气层内飞行，最大高度约 38.7 km，最大速度超过 5.7 倍声速，飞行时间 306 s，飞行距离 273 km。这是中国首枚民营自主研制的商用亚轨道火箭首飞，是中国商业航天的标志性起点。

首飞实现了长时间的临近空间飞行，获取了大量真实的飞行环境数据，试验取得圆满成功，全面达到客户要求。

在本次飞行试验中，零壹空间进行了国内首次“减阻杆”“低成本能源”“箭上无线通信”等创新技术的研究，为简化火箭系统设计、降低研制成本打下了坚实基础：以箭上无线通信技术为例，将火箭从“有线网络”带入“无线 WIFI”的新时代，该项技术可以减轻箭上电气系统设备 50%的重量，节约箭上电气设备 30%的成本，缩短箭上电气系统 60%的设计周期。

(2) OS－M 系列火箭

OS－M 系列火箭致力服务于全球小卫星及相关业务需求客户，为客户提供高效可靠的快速发射服务。该系列火箭发射周期短，发射成本低，针对不同轨道类型和轨道高度需求，可为客户提供定制化、一体式解决方案。保证客户产品送达的及时性和准确性。此外，火箭技术团队还可为客户提供环境适应性解决方案，致力为客户产品提供舒适的运输环境，将客户产品安全准确地送达预定轨道。OS－M 系列火箭技术指标见表 4。

**表 4　OS－M 系列火箭技术指标**

| 轨道高度/km | LEO 轨道运载/kg | SSO 轨道运载/kg |
|---|---|---|
| 300 | 205 | 143 |
| 400 | 186 | 127 |
| 500 | 169 | 112 |
| 800 | 121 | 73 |

OS－M1 是 M 系列运载火箭的第一型产品，主要用于发射 500 kg 以下的小型卫星，这是一种采用固体推进剂的廉价小型运载火箭。OS－M1 为四级固体发动机串联运载火箭，为零壹空间的 M 系列火箭的首型产品，火箭全长 19 m，起飞质量 20 t。2018 年 7 月 4 日，零壹空间的 M 系列火箭一级主发动机和尾段燃气舵联合试车试验圆满成功。

(3) 固体火箭发动机

零壹空间的系列商用固体火箭发动机具有高可靠性、免维护、低成本等特点，可为中小型火箭、航空航天飞行器提供具有市场竞争力的助推动力。固体火箭发动机技术指标见表5。

重庆零壹空间自主研制的OS-X系列火箭采用其自主研制的固体火箭发动机作为动力，发动机推力可达到350 kN，能够为客户载荷实现$Ma=0\sim20$的飞行速度。相对于液体火箭发动机而言，固体火箭发动机具有易实现大推力、可靠性高、发射操作简单、使用维护方便等优点。正是由于采用固体火箭发动机作为动力装置，OS-X系列火箭具有可整体贮存、操作简单、发射成本低、发射周期短的特性，它最大的优势是“快速、便捷、灵活”，可实现卫星快速组网和补网，能很好地满足自然灾害、突发事件等应急发射需求。

**表5 固体火箭发动机技术指标**

| 型号 | 额定推力/kN | 比冲/s | 工作时间/s |
|---|---|---|---|
| A | 100 | 285 | 55 |
| B | 470 | 245 | 40 |
| C | 30 | 290 | 25 |
| D | 350 | 250 | 35 |

## 2.5 未来发展前景

近年来我国出现“微小卫星热”，国内许多科研机构和商业企业研制了微小卫星，这些微小卫星目前一般选择搭大型火箭的“便车”升空，现有发射设施满足不了微小卫星的发射需求。现在国际上发射500 kg以下小型卫星，报价一般是每千克3万～5万美元，国内则是每千克1.5万～2万美元，而零壹空间的目标是做到每千克1万美元以下。零壹空间计划用OS-M火箭搭载微小卫星发射，每年发射10～20枚火箭。

零壹空间联合北京航空航天大学、南京航空航天大学、西北工业大学、哈尔滨工业大学等高校，共同成立了飞行联盟。这一联盟计划在2020年实现“三个一百”，即联盟成员单位达到100家，OS-X系列火箭每年完成100个科研任务。此前各大高校做飞行试验，只能通过电脑模拟等方式进行，而飞行联盟则给高校的飞行试验提供了一个更真实的环境。飞行联盟的成立有助于整合高校资源，集各高校之力推动航天领域的发展。此前，零壹空间曾表示，零壹空间早已获得近10家客户的火箭订单，与国内多家卫星研制及应用机构和企业达成意向发射服务协议，还与欧洲多家卫星公司建立战略合作伙伴关系。目前该公司已与国内多家卫星公司签署协议，稍后就会进入签署订单阶段。预计国内微小卫星发射市场的规模可以达到100亿元的规模。除了国内市场，该公司也在积极开拓国际市场，目前已经与英国、意大利的微小卫星公司进行了初步谈判并签订了战略合作协议。

对于未来，该公司有两步走的战略目标：第一步，实现与国内航天企业或国外如SpaceX公司的差异式发展，专注发展500 kg以下卫星领域，做到世界一流水平。第二步，实现高超声速运输，让火箭变成飞机一样的运输工具。

## 3 北京星际荣耀空间科技有限公司

### 3.1 公司简介

北京星际荣耀空间科技有限公司（简称星际荣耀）是提供运载火箭研制和发射服务的民营企业。星际荣耀致力于打造高品质、低成本、快响应的商业运载火箭，服务于国内外微小卫星制造商、运营商、科研机构以及高校的商业发射市场，专注于运载火箭的研制、液体推进剂发动机以及高性价比发射服务解决方案的提供。2018年7月24日，北京星际荣耀空间科技有限公司通过中关村科技园区管理委员会审核，获得“中关村高新技术企业”认证，这标志着星际荣耀在技术创新能力方面得到了业界认可。

## 3.2　组织结构分析

（1）精英管理团队

目前星际荣耀已有 110 名成员，拥有国内顶尖的航天研发设计师队伍和一流的型号研制管理队伍，核心成员均具有国内运载火箭、战略战术导弹的全流程研制经验。在运载火箭研制方面的平均从业时间超过 12 年，技术过硬，经验丰富。核心领导来自体制内企业，创业之前是企业核心研发机构负责人。

星际荣耀正力图从传统科研院所和高校吸引高素质、有一定工程经验的航天科技人才，组建小规模、精英化的核心团队。

（2）融资情况

北京星际荣耀空间科技有限公司于 2018 年 7 月 1 日完成 A 轮融资。该轮融资由经纬中国领投，众多老股东跟投。该轮融资将主要用于运载火箭研发、液氧甲烷发动机研发和人才队伍培养等方面。此前星际荣耀已获得过多轮融资，自 2017 年正式运营起，共获得包括中信聚信、博钰城、久泰蓝山、襄阳正奇、天风睿利、睿信资本、复星集团、顺为资本、率然投资等在内的十余家机构的投资。2018 年 3 月，顺为资本曾参与星际荣耀 Pre - A 轮融资。

## 3.3　“多类型运载器”同步发展

在商业模式上，星际荣耀也迈出了大胆的步伐，同时推进固体运载火箭、液体运载火箭和亚轨道运载器的研制。其中液体火箭型号研发已经考虑应用可重复使用技术，这是传统航天企业长期研讨但尚未付诸实施的技术。

## 3.4　公司核心产品调研

（1）小型固体运载火箭

双曲线一号（Hyperbola - 1）运载火箭采用四级串联构型，前三级采用固体发动机，四级采用姿轨控一体的液体发动机。该火箭直径 1.4 m，总长 20 m，起飞质量 31 t，近地轨道运载能力 300 kg，700 km 高度太阳同步轨道运载能力最大为 150 kg。双曲线一号运载火箭具有高品质、低成本、快响应、灵活的特点，可提供整箭产品、卫星发射（单星或多星）、搭载服务、增值服务等多种服务形式。

2018 年 4 月 5 日 02 时 00 分，星际荣耀的首枚固体验证火箭双曲线一号 S（Hyperbola－1S）在海南发射升空。该火箭全长 8.4 m，重 4.6 t，是一级固体亚轨道验证火箭。此次通过亚轨道飞行试验验证了多项运载火箭关键技术，最大飞行高度突破 100 km，最大飞行速度超过 1 200 m/s。此次亚轨道飞行试验实现了星际荣耀固体火箭发动机的空中试车，验证了先进固体火箭发动机技术、一体化结构设计技术、快速测试发射技术、虚拟试验应用技术等商业航天关键技术，也有力地证明了星际荣耀研发模式的优越性。

Hyperbola－1S 火箭首飞成功意义重大，这是星际荣耀在商业航天舞台上的首秀，必将有力地推动我国商业航天的进一步发展。星际荣耀将为商业航天市场，特别是小卫星及星座客户，提供一站式商业发射解决方案和更优质的发射服务。

（2）可重复使用液体运载火箭

双曲线二号（Hyperbola－2）运载火箭为两级液体运载火箭，直径 2.5 m，总长 38 m，起飞质量 95 t，起飞推力 112.5 t，近地轨道运载能力为 1.9t。双曲线二号运载火箭力争成为商业发射市场的主力小型运载火箭，后期规划实现一子级重复使用，进一步降低卫星发射服务成本。该火箭计划于 2021 年年底前首飞。

（3）运载火箭发动机

星际荣耀目前在研两款发动机：焦点一号为 15 t 级可重复使用、变推力液体火箭发动机；焦点二号为百吨级可重复使用、变推力液氧甲烷发动机。焦点系列发动机技术指标见表 6。

表 6 焦点系列发动机技术指标

| 名称 | 焦点一号 | 焦点二号 |
| --- | --- | --- |
| 推进剂 | 液氧＋甲烷 | 液氧＋甲烷 |
| 真空推力/t | 15 | 100 |
| 真空比冲/s | 大于 355 | 大于 300 |
| 变推范围 | 50％～105％ | — |

## 3.5 未来发展

作为一家年轻的中国高科技民营商业航天企业，星际荣耀瞄准强劲的商用卫星发射市场，致力于打造优质高效的低成本商业航天运输体系。双曲线一号 S 火箭为单级固体火箭，是由星际荣耀研制的首款固体运载火箭双曲线一号的先行验证型号。2018 年 4 月 5 日进行的飞行试验实现了固体火箭发动机的空中试车，并对先进固体火箭发动机技术、一体化结构设计技术、快速测试发射技术、商用电气设备应用技术、虚拟试验应用技术进行验证，标志着星际荣耀基本掌握了运载火箭设计、制造、试验、总装总测和发射的关键技术。

在火箭研制过程中，星际荣耀在进行技术攻关的同时，也在研发模式和商业模式上谋求创新。基于航天系统工程研制原则，星际荣耀采用“科技创新＋产业生态＋互联网式快速迭代”的模式，在成立不到 1 年的时间内迅速完成了总体方案设计、电气与结构设计生产、火箭发动机研制配套以及全箭总装与测试，在确保成功的基础上有效缩短周期，降低成本。与此同时，星际荣耀引进具有较强上下游配套协调能力的投资方，积极整合社会各方面的资本、技术、人力等方面的优势资源，为未来的火箭商业化发射打下了坚实的基础。

星际荣耀未来将着力发展三大业务：

1）航天发射。基于小型和中型智能火箭技术，逐步提升运载能力，形成智能火箭家族。

2）空间应用。结合市场需求，提供星、箭、地一体化解决方案，发展空间应用级服务。

3）太空旅游。以亚轨道旅游起步，进入商业太空旅游市场，成为太空旅游运营级服务商。

# 4　北京灵动飞天动力科技有限公司

## 4.1　公司简介

北京灵动飞天动力科技有限公司（简称灵动飞天）是提供商业航天动力系统的民营商业航天企业。目前该公司具备小型、中型固体火箭发动机设计、研制、试验、生产能力以及大型固体火箭发动机的设计能力，并在姿轨控技术、固体发动机低温安全性技术以及高能推进剂技术方面有充足的技术储备。该公司愿景是成为世界一流的航天动力系统整体供应商。

## 4.2　组织结构

与市面上的火箭团队成员多为技术出身不同，灵动飞天的创始团队由军贸市场从业经历的高级管理人才组成。

在技术团队方面，核心技术人员均来自北京航空航天大学、哈尔滨工业大学、南京理工大学等工信部七所高校，具有主任设计师或主任研究师岗位职称、研究员或高级工程师技术职称，曾深度参与 CZ－11 运载火箭动力系统以及快舟－1 运载火箭动力系统研制工作。此外，该公司与西北工业大学、北京航空航天大学等建立了科研协作关系和战略伙伴关系，高级专家顾问团队来自于中国航天科技集团有限公司、中国航天科工集团有限公司和中国兵器工业集团有限公司。

## 4.3　“高可靠”与“低成本”研发理念

在商业火箭动力系统业务方面，该公司目前已经完成第一款三级固体火箭发动机的方案设计，未来希望将火箭动力系统通用化、模块化和组合化，以快速低成本满足商业市场不同载荷的普遍性需求。

灵动飞天的第一款产品为三级固体火箭发动机，希望能够实现 LEO 轨道 250 kg，SSO 轨道 150 kg 运载能力。这款产品来自于客户的定制需求，通过分析，灵动飞天确定了三级发动机的设计方案，在充分借鉴世界主流固体火箭发动机成功经验后，确定了前后翼柱型装药结构、丁羟三组元推进剂、复合绝热结构、深潜入＋特型形面 C/C 组合喷管等技术实现方案。官方表示，目前第一款火箭发动机产品已经完成了方案设计及评审。团队表示，经过论证、计算分析及专家把关，该型发动机各项性能参数合理，可实现性好、研制生产成本预计大幅度降低，可以依照此方案开展研制工作。高可靠性是火箭客户最为关注的要点，低成本则是竞争力的重要体现，这也是灵动飞天的产品策略。为了保证高可靠性，该团队将高可靠性理念贯穿于整个设计过程中，充分借鉴成熟产品的设计、研制方法，采用余量设计并选择成熟工艺方案。同时，为了保证可实现性，采用了相对成熟的工艺及材料，比如在配方方面采用了三组元丁羟推进剂，这是市面上非常成熟的配方，在材料方面一级发动机就采用了 D406A 钢、二级和三级发动机采用了 T700 碳纤维等成熟材料，同时在工艺方面尽量选择浇铸、旋压、焊接、热处理等成熟工艺。

为了保证低成本，该团队从多个方面入手：一是关键技术验证工作论证透彻，避免反复，减少不必要的浪费；二是避免工装、模具等的中间过渡状态，加快研制进度，节约研制经费；三是原材料采购、生产加工端择优选取合格供方，降低采购成本；四是实行扁平化的管理，节约人力成本、时间成本。从技术实现路径来看，灵动飞天采用的多是相对成熟的技术。他们认为，首先，相对成熟的技术指的是经过充分验证的技术，也是目前体制内的主流技术，公司和体制内完全是处于同一个水平上；其次，公司通过创新可实现低成本、高可靠性、快速响应；再次，公司目前通过技术创新，正在探索一种新型的推进剂装填方式，预计相较传统的装填方式，可用更低的成本和更短的时间达到同样甚至更优的性能。

## 4.4　公司核心产品

公司正在研发具备 SSO 轨道运载能力 120 kg 的商业航天发射动力系统，包括Ⅰ级发动机 SCL－1－F、Ⅱ级发动机 SCL－1－S、分离发动机 SCS－1。

（1）一级发动机 SCL－1－F

SCL－1－F 发动机技术指标见表 7。

**表 7　SCL－1－F 发动机技术指标**

| 名称 | 参数 |
|---|---|
| 长度/mm | 10 600 |
| 工作时间/s | 63.5 |
| 平均推力/kN | 400 |
| 比冲/s | 245 |
| 质量比 | 0.90 |

（2）二级发动机 SCL－1－S

SCL－1－S 发动机技术指标见表 8。

**表 8　SCL－1－S 发动机技术指标**

| 名称 | 参数 |
|---|---|
| 长度/mm | 900 |
| 工作时间/s | 55 |
| 平均推力/kN | 100 |
| 比冲/s | 291 |
| 质量比 | 0.91 |

（3）SCS－1 分离发动机

SCS－1 分离发动机技术指标见表 9。

**表 9 SCS－1 分离发动机技术指标**

| 名称 | 参数 |
|---|---|
| 长度/mm | 420 |
| 工作时间/s | 520 |
| 平均推力 kN | 16 |

（4）商业小卫星姿轨控发动机

该公司研发了多款商业微小卫星用模块化姿轨控发动机系统，主要用于消除星箭分离时卫星初始状态偏差、运行时姿态的保持与调整以及轨道控制等。

灵动飞天研制的商业小卫星姿轨控发动机目前已经通过地面试车试验，该款发动机为小推力肼分解发动机，主要用于卫星的姿态控制、轨道调整等关键任务。在该型发动机的研制过程中，该公司以前瞻性的技术发展思路为基础，充分整合高校、研究所资源，仅用四个月时间即实现了产品的从无到有，充分体现了商业航天公司在航天领域创新、高效的特点。在研制期间该团队攻克了快速响应阀门技术、先进隔热散热技术、精确流量控制技术等多项关键技术，确保了该型发动机的先进性及可靠性。试车结果表明发动机稳态推力输出平稳，脉冲间隔精准，性能稳定，系统参数匹配良好，经过大量试验充分验证了该姿轨控动力系统方案合理可行。

## 4.5 未来发展前景

灵动飞天于 2019—2020 年设计完成组合化三级固体火箭发动机动力系统，该系统将以第一代直径 1.4 m 发动机作为助推级，以第二代直径 3 m 发动机作为芯级，设计实现 SSO 运载能力 1 500 kg。

长远来看，灵动飞天希望通过将火箭动力系统通用化、模块化和组合化，以快速降低成本满足商业市场不同载荷的普遍性需求。与市面上不少火箭领域的公司重在提供火箭运载服务不同，灵动飞天将业务重点放在固体火箭的动力系统。他们认为，发展航天，动力先行，在目前中国民营航天所处的大背景下，民营企业掌握了动力系统科研、生产配套能力，就拥有了一定的竞争力；发动机相对火箭总体而言实现产品化更容易、更快速，且在商业化方面固体火箭发动机作为军民两用技术，拥有更广泛的市场应用；同时，作为分系统，更容易实现技术迭代和改进，通过产品的具体体现，具有更好的商业化和市场化前景。

该团队表示，灵动飞天的卫星姿轨控系统性能指标与体制内单位的卫星姿轨控系统处于同一水平，但其最终产品化后成本可能降低 30%～40%；在下一代产品中将探索新的工艺方法，以用于推力器某关键部组件的加工生产，这样可以缩短研制周期，并进一步控制研制成本。该团队之所以选择两条业务线同时并行，主要是因为卫星和火箭相辅相成，卫星牵引火箭，火箭支撑卫星。

## 5　神州五行航天科技有限公司

神州五行航天科技有限公司总部坐落于海滨城市大连，在北京设有分支机构，是一家集航天产品研究、设计、生产、制造、销售服务于一体的科研生产联合体，专注于低成本运载火箭、导弹及卫星的相关产品研制与生产，旨在为商用卫星等提供低成本、高质量的发射服务。

（1）LRE－1 液体火箭发动机

LRE－1 为该公司全新研制的液体火箭发动机，采用液膜-再生复合冷却方式及曲流异形孔喷嘴，在大幅提高发动机性能的同时，也降低了材料性能要求、制造难度及生产成本。LRE－1 液体火箭发动机具备多次启动和脉冲工作的能力，为变轨、交会、对接和轨道保持等提供动力。该发动机真空推力 10 000 N，真空比冲 3 100 N·s/kg，工作寿命 500 s，采用双组元自燃推进剂，氧化剂为四氧化二氮，燃料为偏二甲肼。其采用恒压式供应系统，由 2 个氧化剂贮箱、2 个燃料贮箱、2 个高压气瓶、喷注器、燃烧室、扩张段以及输送系统组成。LRE－1 液体火箭发动机主要技术指标见表 10。

**表 10　LRE－1 液体火箭发动机主要技术指标**

| 名称 | 指标 |
|---|---|
| 真空推力/N | 10 000 |
| 真空比冲/(N·s/kg) | 3 100 |
| 工作时间/s | 500 |
| 推进剂 | 四氧化二氮＋偏二甲肼 |
| 供应系统 | 恒压式 |

（2）SRM－1 固体火箭发动机

SRM－1 固体火箭发动机是由神州五行航天科技有限公司自主研发的推力为 75 kN 的发动机，是一种采用固体推进剂的化学火箭动力装置。该固体火箭发动机由固体推进剂药柱、燃烧室壳体、喷管、点火装置以及其他附件组成。

SRM－1 固体火箭发动机由该公司全新研制，发动机装药药型及喷管型面等均为全新设计，具有完全自主知识产权。SRM－1 固体火箭发动机具有低成本、高品质、定制化、高效率等特点，主要作为导弹的动力装置或作为其他航天器的运载工具。SRM－1 固体火箭发动机主要技术指标见表 11。

**表 11　SRM－1 固体火箭发动机主要技术指标**

| 名称 | 指标 |
|---|---|
| 推力/kN | 75 |
| 总冲/(kN·s) | 290 |
| 比冲/s | 255 |
| 工作时间/s | 4 |
| 总长/m | 2.7 |
| 直径/mm | 220 |
| 总质量/kg | 182 |
| 装药质量/kg | 118 |
| 燃烧室壳体材料 | 30CrMnSiA |

# 6　深圳市翎客航天技术有限公司

深圳市翎客航天技术有限公司（简称翎客航天）是国内首家从事航天系统产品研发与制造的民营公司，注册地点为深圳前海，业务领域涵盖航天器总体设计、液体发动机、固体发动机、结构设计、航电、测控等主要专业，研制能力覆盖设计、仿真、试验、制造等航天产品研制全流程，同时聘请了多位曾经在航天院所工作多年的航天专家作为专业顾问，为公司提供技术、行业分析以及政策方面的指导。该公司于 2015 年 8 月 21 日获得天使汇的天使轮融资，并于 2017 年 3 月 3 日获得御风资本、普华资本、长润金控的 A 轮融资。

翎客航天通过高效整合市场资源，深度研发核心技术，充分发挥效率优势，显著降低运营成本，以推动我国航天产业的商业化、民用化发展。该公司运营初期以新型火箭作为主要产品，并为科研院所及高校提供定制化航天发动机原型机等技术服务，目前已具备液体发动机、测试控制系统、固体发动机、火箭等多款初样产品。通过初期的技术积累和团队运营，翎客航天计划在 3～5 年内开始小型可重复运载火箭的研制。

该公司的目标产品是小型液体运载火箭，面向日益增长的微小卫星市场提供灵活、高效、低成本的发射服务。目前围绕运载火箭总体目标的研制计划已经制定，资金、人才、场地等各方面资源也稳步推进，关键分系统顺利执行。该公司研制的 3 kN 液氧乙醇复合冷却火箭发动机主要技术指标见表 12。

**表 12　3 kN 液氧乙醇复合冷却火箭发动机主要技术指标**

| 名称 | 指标 |
| --- | --- |
| 额定推力/N | 3 000 |
| 调节范围 | 10%～120% |
| 推进剂体系 | 液氧+乙醇 |

续表

| 名称 | 指标 |
| --- | --- |
| 点火方式 | 预燃室点火 |
| 冷却方式 | 再生冷却＋液膜冷却 |
| 冷却性能 | 连续工作 60 s 后，外壁温度为 67.3 ℃（环境温度：23.4 ℃） |
| 工作寿命 | ＞1 000 s |

## 7 深圳驭龙航天科技有限公司

深圳驭龙航天科技有限公司（简称驭龙航天）是以火箭核心技术研发、火箭发动机设计、火箭生产制造为核心业务的民营航天企业。驭龙航天制造的火箭具有高性价比、高效生产、高频发射、高可靠性这四大优势。

（1）DD－1 运载火箭

驭龙航天在研的 DD－1 运载火箭有效载荷为 300 kg。DD－1 运载火箭采用了驭龙航天自主研发的第三代液体火箭引擎，每台火箭发动机能够提供 5 t 的起飞推力，每支 DD－1 火箭第一级都拥有 9 台火箭发动机，起飞推力达到 45 t。驭龙航天独特的推力冗余技术，可以确保即使在部分发动机发生故障时仍然有足够推力使有效载荷安全进入轨道。该火箭有三大优势：高效生产、高频发射、高可靠性。DD－1 运载火箭发动机主要技术指标见表 13。

表 13 DD－1 运载火箭发动机主要技术指标

| 名称 | 指标 |
| --- | --- |
| 真空推力/t | 45 |
| 级数 | 3 |
| 直径/m | 2.4 |
| 高度/m | 21 |
| LEO/kg | 300 |

（2）新大主宰号液体火箭

2015 年 12 月 10 日驭龙航天披露了新大主宰号液体火箭及“驭龙太空探索计划”。新大主宰号火箭名字源于一款《新大主宰》手游。该火箭为中国私人航天领域第一枚液体火箭，直径 300 mm，高度 5 m，质量约 100 kg，并于 2016 年 2 月 4 日进行了发射试验。

“驭龙太空探索计划”由深圳驭龙航天科技有限公司总设计，黑桃互动与拇指游玩联合白鹭时代、摩点众筹、QQ 阅读、斗鱼 TV、360 奇酷手机五家不同领域的顶尖互联网公司共同发起，旨在实现中国私人航天领域零的突破。该计划的目标是拟利用 12 年的时间，建立一套“产权自主、技术自立、商业运营”的现代民营航天事业发展体系，该计划分为三个阶段：第一阶段（2013—2015 年）是小型液体火箭的研制和发射；第二阶段（2016—2019 年）是小卫星运载火箭的研制和发射；第三阶段（2020—2025 年）是载人太空旅行的研究和实现。

驭龙航天表示将充分利用国家和深圳航天产业相关政策，致力于打造中国民营航天产业领跑企业，为实现中国民营航天界零的突破，赶超欧美国家私人航天技术的水平而努力，探索建立一套有中国特色的民营航天商业运营模式。

# 参 考 文 献


［1］ 刘雨菲．中国航天商业化与商业航天的忧心［J］．卫星与网络，2015（8）：30-33.

［2］ 赵海峰，张超．中国航天商业化及法律政策问题研究［J］．Space International，2017：52-57.

［3］ 薄守省．中国航天活动商业化之法律架构［J］．北京理工大学学报（社会科学版），2012，14（3）：104-109.

［4］ 张晓东．也论国际条约在我国的适用［J］．法学评论，2001（6）：73-79.

［5］ 杨浩亮，刘立东，郭凤明．国外新型商业小型运载火箭成本控制措施简析．国际太空，2017（11）：19-23.

［6］ 张振华，白明生，石泳，等．国外商业航天的发展及启示［J］．中国航天，2015（11）：31-39.

［7］ 李高，张小光．放松管制对美国商业航天发展的影响及启示［J］．卫星应用，2015（1）：58-61.

［8］ 子力．美报告全面分析全球航天产业［J］．中国航天，2012（6）：20-25.

［9］ 龙江，肖林，孙国江．SpaceX公司运行模式对我国航天产业的启示［J］．中国航天，2012（11）：7-14.

［10］ 杨开，曲晶，才满瑞．2017年国外航天运载器发展分析［J］．导弹与航天运载技术，2018（1）.